国家社科基金项目"公平视阈下粮食生产家庭农场适度规模和补贴问题研究"（编号：14BJY128）

粮食家庭农场：

规模、社会化服务和补贴

牟少岩 李敬锁◎著

人民出版社

责任编辑:方国根　武丛伟

封面设计:王欢欢

图书在版编目(CIP)数据

粮食家庭农场:规模、社会化服务和补贴/牟少岩,李敬锁 著. —北京:
　　人民出版社,2020.11
ISBN 978－7－01－021303－3

Ⅰ.①粮…　Ⅱ.①牟…②李…　Ⅲ.①粮食作物-家庭农场-农场管理-研究-
　　中国　Ⅳ.①F324.1

中国版本图书馆 CIP 数据核字(2019)第 205422 号

粮食家庭农场:规模、社会化服务和补贴

LIANGSHI JIATING NONGCHANG GUIMO SHEHUIHUA FUWU HE BUTIE

牟少岩　李敬锁　著

人民出版社 出版发行
(100706　北京市东城区隆福寺街 99 号)

中煤(北京)印务有限公司印刷　新华书店经销

2020 年 11 月第 1 版　2020 年 11 月北京第 1 次印刷
开本:710 毫米×1000 毫米 1/16　印张:14.75
字数:170 千字

ISBN 978－7－01－021303－3　定价:49.00 元

邮购地址 100706　北京市东城区隆福寺街 99 号
人民东方图书销售中心　电话 (010)65250042　65289539

目　录

绪　论

　　2008 年 10 月，党的十七届三中全会通过的《中共中央关于推进农村改革发展若干重大问题的决定》提出："有条件的地方可以发展专业大户、家庭农场、农民专业合作社等规模经营主体。"这是"家庭农场"一词首次被写入中央文件，但由于在文件中只提到过一次，没有引起关注和足够重视。2013 年"中央一号文件"提出，鼓励和支持承包土地向专业大户、家庭农场、农民专业合作社流转。这是"家庭农场"一词首次在"中央一号文件"中出现。① 2014 年"中央一号文件"突出强调了家庭农场经营模式。2014 年 2 月，农业部颁布《关于促进家庭农场发展的指导意见》。

　　从实践层面看，20 世纪 80 年代末，农户的适度规模经营就已经在我国部分地区出现，在一些经济发展较快的省份逐步发展。这些实行规模经营的农户，应该被看作是家庭农场。

　　随着家庭农场 2013 年、2014 年、2015 年连续 3 年进入"中央一号文件"，家庭农场快速发展，已经成为具有普遍意义的重要农业新型经

---

① 参见朱春江、马文斌等：《中国家庭农场发展面临的机遇及路径选择》，《贵州农业科学》2014 年第 1 期。

营主体。

一

随着"人的城镇化"的扎实推进，进城农民的城镇化程度越来越高，保留土地作为生产资料和保障手段的必要性降低，为加快土地流转提供了可能；同时，由于20世纪80年代计划生育政策效应显现，劳动力供给减少，现有农民因老龄化失去劳动能力将逐步退出生产过程，亟须培育农业新型经营主体，这将增强家庭农场发展的必要性、可能性，使家庭农场在若干年后爆发式增长。这需要理论和政策的前瞻性支持。

同时，家庭农场发展已经历了近几年的快速发展阶段。据农业农村部统计，目前，全国已有超过87万户各类家庭农场，经营耕地面积达到1.76亿亩，占全国承包耕地总面积的13.4%，其中，经农业部门认定的家庭农场超过34万户，平均经营规模达到150亩左右，标志着家庭农场作为一种新型经营主体已经得到普遍认可。我国家庭农场进入以内涵发展、规范发展为主的新阶段。

在这一背景下，研究家庭农场的补贴、经营规模以及与之有关的农业社会化服务的关系等具有重要的理论意义和实践意义。

二

国外家庭农场的历史较为悠久。荷兰早在19世纪就已经实现了家庭农场的专业化发展，美国的家庭农场已有 200 多年的历史，与我国同样属于小农经济的日本在 20 世纪初期发展了不少规模相对较大的家庭农场。家庭农场作为发达国家现代农业的经营主体，大多数学者从规模与效率的角度对其进行研究。

国外一些学者认为农业经营规模与农业生产效率之间是反向关系。恰亚诺夫、森（1962），巴尔丹（1973）在研究俄罗斯、印度等国家农业发展的过程中发现农业规模经营不会带来农业生产率的提高，两者之间存在反向变化关系。后来，有人对这一结果进行了实证研究。① 贝瑞 – 克莱恩（1979）、凯特（1984）、汉斯伯格（1998）对巴西、印度、巴基斯坦等国上百户农户的调查表明，农业生产规模与农业净收益之间是负相关关系。里尔登、凯利 – 克劳福德（1996），纽维尔、潘德亚 – 西蒙斯（1997）的研究也证实了这一结果的存在。

一些学者认为农业经营规模与农业生产效率之间是正向变化关系。如，卡尼亚（1985）通过对秘鲁、孟加拉国、泰国等国家的研究发现，农场规模和农业生产率之间呈正相关关系。迪奥莱卡（1981）认为，在较高技术水平下两者的反向关系不成立。罗伊普罗斯特 – 蒂姆汉斯德（1996）对江苏省吴县的研究发现，农地规模大户的农业产量要比普通农户的产量高。莫雷诺 – 佩雷斯认为，美国大农场经营效率较高，3 个人就可经营一个 1200 多公顷的农场，而年产值可以超过 200 万美元。②

还有学者认为，农业规模与效率之间存在其他关系。汤森、克

①　参见 Peter Hazell，Colin Poulton，Steve Wiggins，Andrew Dorward，"The Future of Small Farms：Trajectories and Policy Priorities"，*World Development*，2010，Vol.38。

②　参见 Andrea Zimmermann，Thomas Heckle，Ignacio Perez Dominguez，"Modelling Farm Structural Change for Integrated X-ante Assessment Review of Methods and Determinants"，*Environmental Science & Policy*，2009，Vol.12。

里斯丁－维克（1998）认为，两者之间的关系不显著；凯特－韦博（1990）认为两者之间是"U"形关系。

也有学者认为农业适度规模经营更有效率。哈尔和利文通过对美国加利福尼亚州的研究发现，中等规模农场在成本节约方面表现最为突出。霍克（1988）在研究了孟加拉国的农场经营后认为，7英亩的农地规模是最佳规模。安妮布鲁斯－斯卓姆（1985）认为农场经营必须有一个适度的经营规模才能取得最高的单位面积产出，过大或过小都不行。

西奥多·舒尔茨在《改造传统农业》一书中认为，农场经营管理者是最重要的投入要素，改造传统农业必须加强对农民进行教育培训。之后波普金、加里·贝克尔等人从理论和方法上对这一理论作了进一步完善。

国内学者对家庭农场的经营规模进行了较多研究。农业社会化服务、农业补贴虽然属于相对独立的研究领域，但由于与本书有直接关系，在此一并从家庭农场的角度进行综述。

1. 家庭农场适度规模经营的研究

家庭农场应该适度规模经营，对此学者们意见基本一致，差别在于，有的学者侧重于考虑规模经济效益，认为家庭农场适度规模经营是指农业经营者根据当地特定的自然、经济、社会条件，通过对土地、资本、劳动力等生产要素的有效配置，得到最优的劳动生产率、土地产出率；强调公平的学者认为，家庭农场适度规模经营是指在当前人多地少、人地矛盾突出的国情下，通过降低生产成本，提高农产品商品化程度，使农业所产生的社会、经济、生态效益得到提高的一种经营方式。

陈锡文、范传棋认为，从我国目前人多地少的国情来看，应发展小规模的家庭农场；发展大规模的家庭农场更容易加剧农村的贫富差距、影响土地流转合同的稳定，而且规模过大，可能出现二次转包土地。

众多学者用定性和定量方法对家庭农场的适度规模进行了研究。[①]一批学者从宏观的视野对我国家庭农场的规模进行了界定。赵冈认为，技术条件、国家总人口与总耕地面积之比对我国家庭农场的平均规模有着决定性的作用；王春来认为，我国的自然禀赋、生产传统、社会化服务获得等因素共同对适度规模产生影响；薛亮认为，家庭农场经营规模受当地的农业资源条件以及本区域劳动力充分就业情况的限制。一批学者从微观层面对我国家庭农场的规模进行了研究。汪亚雄的研究表明，决定家庭农场规模的因素，是各家庭农场劳动力（主要是家庭劳动力成员）的数量和质量、劳动工具、劳动对象、农场主的经营管理能力。有些学者则试图建立影响家庭农场适度规模的因素的数学模型。马跃认为最低规模土地数量的计算公式是：SL（亩/劳）≥非农劳动力年均收入/每亩农田年净收入。钱克明从家庭农场边际效益递增递减规律测算出家庭农场适度规模的理论边界值，家庭农场适度规模的最小值=（村里总耕地面积/留守务农的劳动力数量）×该户务农劳动力数量。冯昕以"适度规模"为核心，根据适度规模经营理论及规模报酬递减规律，采取数理统计、对比分析等方法，构建数学应用模型，测算虎林地区最适度的家庭农场经营规模。

2. 农业社会化服务研究

寻找适合我国国情的农业社会化服务体系是学界关注的重点。沈茹认为，在当前城镇化进程中，家庭农场得到了较大的成长空间，然而

[①]　Johnson，"Leaving China's Farms：Survey Results of New Paths and Remaining Hurdles to Rural Migration"，*China Quart*，2000，Vol.21.

作为参与市场经济的一分子，它是社会化分工体系中的一员，从事的是农业的专业化生产。刘向华认为，我国当前的农业社会化服务体系的发展并不完备，使得所能供应的社会化服务落后于家庭农场发展的服务需求。[①]主要表现为：一是服务组织机能定位不清晰，服务水平难以满足家庭农场的个性化、多范畴需求；二是服务组织发育不完善，供给服务的质量和数目都难以满足家庭农场的需求；三是农业社会化服务制度滞后，限定了其对家庭农场的服务供应能力。

3. 粮食补贴和规模经营补贴研究

关于粮食补贴的研究较多。王姣等利用 PMP 模型对中国粮食直接补贴政策效果进行了研究，研究表明虽然粮食直接补贴政策对粮食产量的影响不大，但是可以明显提高农户的种植业收入。张红玉、李雪借助数据包络分析（DEA）效率模型对 26 个省份不同年份粮食直补规模重新进行了测定，结果表明，最佳补贴规模需要根据社会收入水平、粮农收入结构等情况的变化及时进行调整。张慧琴、韩晓燕、吕杰利用我国 27 个省份作为横截面单元，以其 2003—2013 年的样本数据建立动态面板模型，对我国粮食补贴政策及财政支农支出的粮食生产作用效果进行实证分析，结果表明，粮食补贴政策的实施对粮食生产具有显著的影响。然而，也有学者认为粮食补贴制度会引致一些不良后果。叶慧、王雅鹏采用 DEA 效率模型对 2004 年实行粮食直补省份的补贴规模进行效率分析，认为我国很多省份的补贴规模有过多倾向，我国多数省份的粮食直补规模效率处于递减阶段。郭继认为直接补贴制度产生了财政补贴的大量耗费、农民收入的再分配效应及农村不稳定隐患等不良

[①]　参见刘向华：《我国家庭农场发展的困境与农业社会化服务体系建设》，《毛泽东邓小平理论研究》2013 年第 10 期。

后果。

关于规模经营补贴的研究较少。邵平、荣兆梓通过对松江家庭农场财政补贴的研究认为，家庭农场的财政补贴对提高农民务农积极性、促进家庭农场发展、维持粮食种植面积等是有效的。但是，从促进现代农业发展的长远目标看，它在增加财政负担的同时，导致农产品价格体系和农民行为的扭曲。张恩广运用 Logistic 模型综合分析政府补贴方式对家庭农场规模化土地转入决策的影响，其结果表明：实物补贴和贷款财政贴息政策具有一定的激励作用，农业政策性保险补贴和农业培训对家庭农场规模化发展具有一定的促进作用。

为鼓励家庭农场的发展，各级政府出台了相关的补贴政策。2014 年 11 月，中共中央办公厅、国务院办公厅印发了《关于引导农村土地经营权有序流转发展农业适度规模经营的意见》（中办发〔2014〕61 号），扶持粮食规模化生产。2016 年 4 月，财政部、农业部印发了《关于全面推开农业"三项补贴"改革工作的通知》（财农〔2016〕26 号），在全国推行三项补贴改革，将 20% 的农资综合补贴存量资金，加上种粮大户补贴试点资金和农业"三项补贴"增量资金，用于支持粮食适度规模经营，重点向种粮大户、家庭农场等新型经营主体倾斜。2016 年 10 月，中共中央办公厅、国务院办公厅《关于完善农村土地所有权承包权经营权分置办法的意见》出台时，农业部部长韩长赋表示，农村土地"三权分置"改革后的农业补贴只会增加不会减少。

通过近几年对家庭农场的研究进行梳理可以发现，学界关于家庭农场的研究是全面而系统的，涉及家庭农场的概念界定、比较优势、适度规模、发展路径以及国内外发展经验等方面。与本研究有关的家庭农场经营规模问题学界也给予了较多关注。这些研究取得了重要成果，对家庭农场的政策设计和家庭农场的发展起到了重要作用，但也存在以下不足。

一是关于一般意义的家庭农场研究较多，以特定类型家庭农场为研究对象的研究较少。从目前实践看，家庭农场主要集中在种养业（《中国家庭农场发展报告（2015年)》）。从事种植业和从事养殖业、种植业内部从事粮食、蔬菜、果品等生产的家庭农场之间，在土地适度规模、社会化服务需求等方面存在很大差异。针对特定类型的家庭农场进行研究是家庭农场研究的一种深化，更有理论意义和政策意义。虽然关于家庭农场土地规模、补贴等方面的政策指向其实是粮食家庭农场，但由于未明确指出，导致针对性不足。① 众多关于家庭农场的研究，虽然暗含或者明确以粮食家庭农场为研究对象，但更关注的是其作为家庭农场的普遍性，而不是其从事粮食生产的特殊性。而真正意义上对粮食家庭农场的研究恰恰应该关注其从事粮食生产的特殊性。

二是从适度规模经营的角度，把家庭农场作为适度规模经营的主要载体进行研究。从普通农户的局限、适度规模经营的资源配置等角度阐明了家庭农场的优越性和相应的政策重点，使家庭农场研究得到了深化。

这些研究把家庭农场的适度规模和家庭农场的土地适度规模作为同一概念使用，这基本上是合理的，因为家庭农场的内在逻辑已经决定了家庭农场的劳动力规模。但这些研究缺乏系统全面地对基础理论和概念进行梳理分析，使得概念界定相对模糊，分析的视角多变，难以深入分析问题的本质。实证研究主要针对分散的个案进行，缺少相对系统化

---

① 参见王新志：《优化扶持政策　促进家庭农场健康发展》，《中国社会科学报》2015年4月8日。

的研究，且大多与政策文件相结合，并未进行深入的研究。对于家庭农场适度规模的计算，往往仅从资源配置的角度通过经验或者针对某一地区的情况进行，尚未形成公认的不同类型、不同地区的家庭农场适度经营规模的影响因素、计算程序和原则，家庭农场适度规模的区域差异性、家庭农场适度规模经营的影响因素、家庭农场适度规模经营的实现路径，尚未得到有影响力的结论。

三是关于家庭农场社会化服务研究较少，关于家庭农场各主要生产环节根据成本、费用选择自营或社会化服务关系的研究更少，而这方面的研究恰恰是家庭农场研究深化的又一个标志。不同种植结构的家庭农场对农业社会化服务的需求并不相同，种植结构相同但规模不同的家庭农场对农业社会化服务的需求也不相同。家庭农场规模越大，其使用量大、频次高的社会化服务就越可能自营而不购买，甚至在自用的同时面向社会提供服务。这种家庭农场与社会化服务的嵌合对周边的普通农户具有直接的带动作用和示范作用，具有重要的理论意义和政策意义。目前关于家庭农场的研究尚未涉及这一领域。

四是关于农业补贴的研究较多，关于粮食家庭农场补贴的研究较少。农业补贴不是本研究关注的重点，不再进行评述。以家庭农场补贴为聚焦点的研究很少。对粮食家庭农场的补贴主要是两类：一类是对粮食生产的补贴；另一类是对规模经营的补贴。中央政府的补贴同时具有这两种性质，但鼓励支持粮食生产的成分更多一些。地方各级政府在实践中，对家庭农场的补贴主要是为促进家庭农场发展而发放的起鼓励、引导作用的奖励，或者是因发展规模经营而进行的奖励。这些奖励政策缺少制度化，随意性比较强。在探索家庭农场发展过程中，对政府应该扮演角色、制度层面的培育路径等方面的研究还比较少。

三

适度经营规模、社会化服务和补贴是家庭农场发展的关键问题，也是深化家庭农场研究的主要内容。本书的创新之处主要体现在以下几个方面。

一是首次从公平的视域分析家庭农场的发展问题。如同家庭经营制度一直坚持以公平为首要原则一样，在人多地少的基本国情没有根本改变的情况下，家庭农场的发展也要把公平作为一条重要原则，并作为家庭农场政策的基础：(1) 必须考虑家庭农场与普通农户之间的公平，既不能让普通农户因家庭农场的土地集中而非自愿地失去土地，也不能因家庭农场规模过大而失去经营家庭农场的机会。(2) 必须考虑家庭农场与城镇居民之间公平的平衡点。家庭农场主是综合素质较高的农民，既得让他们经营农业有奔头，能获得合理收入，不放弃农业去从事二三产业，也不能支持其过分扩张规模而失去家庭农场本性。

二是构建了家庭农场的生产函数和成本函数。在函数构建的基础上，运用非线性规划模型求出公平收入目标下，家庭农场成本最低的资源配置为：200.8 亩土地 /2 个劳动力。这是首次得出现有生产力水平条件下，家庭农场经营农业的收入与当地城镇居民家庭收入相当时家庭农场的最优规模。这一结论为家庭农场管理优化提供了可靠依据，也为家庭农场支持政策提供了坚实依据。

三是对粮食家庭农场和普通农户的生产效率进行了比较。通过比较发现，普通农户的粮食生产效率低于家庭农场。[①] 这一结论既表明，在粮食生产上，家庭经营不存在精耕细作的优势，也从另一方面为家庭农场的支持政策提供了依据。

四是分析了家庭农场效率高的原因。粮食家庭农场各个生产环节机械化的自营或购买社会化服务的理性选择，是家庭农场效率高于农户的重要原因，也是家庭农场适度经营规模的重要影响因素。规模较大、有一定经营能力和资金的家庭农场也可兼营社会化服务，从而在家庭农场和社会化服务之间在专业分工的基础上产生更有效率的嵌合关系，形成现代农业的一种新业态。

---

① 参见陈星、宋浩昆:《农村集体土地集约化经营方式的探讨》,《中国国土资源经济》2011 年第 9 期。

第一章　发展粮食家庭农场的理论分析

必须深刻认识到，家庭农场不是一个普通的经济主体、市场主体，而是承担着传统农业向现代农业转变、传统农民向新型职业农民转变的历史责任的社会组织。粮食家庭农场作为一个新型经营主体，其发展又必须考虑农业在资源配置上完全不同于工业的特点和要求，有完全不同的基本约束条件。

一、基本概念及其界定

（一）家庭农场

美国农业部（United States Department of Agriculture，简称 USDA）认为，家庭农场是以农场主和家庭成员为主要劳动力，但可以有少量雇工，以商品化生产为目标，能支付家庭和农场的运营成本和费用并自行管理经营的农场组织。[①] 俄罗斯"家庭农场法"认为，家庭农场是在土

[①] 参见李雅莉：《农业家庭农场优势的相关理论探讨》，《农业经济》2011 年第 7 期。

地私有制的基础上，由农民和家庭成员组成，并从事农业生产、加工、销售的享有法人权利的独立经营主体。

学术界充分研究了家庭农场这个概念，并在研究过程中参考了大量中国国情。在实践中普遍使用的概念则来源于政府文件，主要是国家农业部的官方概念，即家庭农场是指主要以家庭成员为劳动力，从事农业规模化、商品化、集约化生产经营，且家庭主要收入来源为农业收入的新型农业生产经营主体。

这一概念准确把握了家庭农场的内在逻辑和本质特征，得到了普遍认可。本研究基本在这一含义上使用这一概念，但需作以下说明和界定：（1）是否经过注册登记程序并不重要，可以包括没有经工商注册为家庭农场的专业大户。但由于专业大户的情况较为复杂和笼统，有的土地经营规模很大，在本研究中只选用土地规模在 300 亩以下、50 亩以上的专业大户（在分析家庭农场补贴情况时除外）。其实这可能是更具有典型意义的、纯粹的家庭农场，没有应对政府政策支持的动机，没有社会资本介入的可能，没有垒大户的人为操作。（2）本研究不包括登记为家庭农场但实为社会资本经营的农业企业。社会资本创办家庭农场在逻辑上是不通的，政策上不应该支持。社会资本进入农业是有政策引导和约束的。也就是说，本研究所指的家庭农场的经营者和实际控制者必须是农民，是生活在农村的农民，包括已非农就业又返回农村的农民，不包括任何形式的社会资本经营管理的农业企业和农场，而且必须是以家庭劳动力为主，不包括任何形式以雇佣劳动为主的农业企业和农场。

另外还需要指出，家庭农场的类型可以按其经营范围来划分。家庭农场经营范围可以是也应该是种植业、林业、畜牧业、渔业等农业产业，属于专业家庭农场，也可以在经营农业的基础上，经营一定规模的农产品加工等第二产业及一定规模的餐饮、旅游等第三产业，属于综合家庭农场。

专业家庭农场的主要收入来源是农业收入，综合家庭农场的收入不一定以农业收入为主。

还需要指出，家庭农场的发展有两重含义：一是家庭农场个体规模的扩大、技术水平的提高；二是家庭农场数量的增加。

（二）粮食家庭农场

粮食家庭农场是指专业从事粮食生产的家庭农场，这无须多言。由于本次研究是以山东省为例，所以"粮食生产"限定于在山东省具有普遍代表性的、一年两熟相互倒茬的小麦和玉米两种主粮生产。

2014 年，"中央一号文件"提出完善国家粮食安全保障体系，建立新形势下的国家粮食安全策略。[①] 山东省的粮食产量一直位居全国前列，也是粮食消费和流通大省，是中国粮食作物的重要产区之一，山东省粮食作物的产量和种植面积常年稳定在一个较高的水平。因而，山东省粮食生产的稳步发展对促进山东省粮食产业的发展及维持国家的粮食安全都有着举足轻重的作用。

粮食家庭农场具有较强的同质性，特别是在同一地区，社会化服务条件相同、主要作物相同，所以本研究对样本的选择比较严格，没有追求数量。

---

① 参见张颖、徐阳华：《中国国家粮食安全战略演进及前瞻》，《国际安全研究》2015 年第 3 期。

（三）粮食生产农户

在家庭经营制度下，农户是最基本的经营决策单元和粮食生产单元，农户所做的粮食生产经营决策对我国粮食生产能力和粮食供应能力有重要影响。[①] 在粮食生产过程中，农户使用社会化服务与家庭农场只有量的差别，在生产模式上和家庭农场有一定的区别。我们将农户在粮食生产时所采用的社会化服务程度与家庭农场放在一起比较，寻找二者的差别以及引起差别的原因，并根据出现的问题提出相关的对策建议，对家庭农场的发展以及农业社会化服务的进步具有重要的现实意义。为了更好地比较家庭农场与普通农户粮食生产情况，我们所选取的样本农户皆为家庭农场周边的农户。在每个家庭农场的周边选取农业生产条件与家庭农场相似的、主要从事粮食生产（一般是家庭农场所在村）的农户 2—3 户。按此标准，共选取了 133 个周边农户作为样本农户，按生产环节进行比较研究。

（四）农业社会化服务

从理论上讲，社会化服务包括农业生产产前与产后环节的专业化、社会化，也包括农业生产各个主要生产环节如耕地、播种、打药、采收环节的专业化、社会化。在本研究中，由于限定为粮食生产，而且进一步限定为玉米和小麦生产，所以农业社会化服务主要集中于生产环节。产前环节基本不包括，产后环节仅包括销售。

[①] 参见郑丽、霍学喜：《粮食主产区农户粮食生产投入决策行为分析》，《西北农林科技大学学报（社会科学版）》2007 年第 6 期。

（五）农业生产环节的自营

这是一个简单但又需要明确一下的概念。自营指在农业生产的某些主要生产环节如耕地、播种、打药、采收环节，家庭农场自备机械和劳动力自己进行，而不使用社会化服务。

由于生产规模较大带来的使用量大、频次高，各主要生产环节是自营还是选择社会化服务，家庭农场比普通农户有更大的选择权。普通农户则较少有选择的可能，只有在社会化服务不到位的情况下才选择自营。事实上，在山东省这样一个社会化服务发展水平较高的地区，普通农户普遍选择社会化服务。

二、对粮食家庭农场优势和影响的再认识

学术界对于粮食家庭农场的优势和发展的必要性经过研究已经达成共识，但对粮食家庭农场给农民、农业、农村带来的深刻的积极影响的认识尚显不足。

（一）粮食家庭农场的最大优势

粮食家庭农场是适度规模经营的载体，能够实现家庭经营优势和规模优势的叠加与统一。这是家庭农场的最大优势。

家庭经营符合农业生产自然再生产和社会再生产相互交织的特点，可以实现生产者和经营者的统一，能及时根据农作物生长情况、天气变化、市场供求作出决策，灵活安排各种生产要素的投入，提高生产要素

的利用率和劳动生产率。在农业生产难以按照产量来计算劳动成果的情况下，家庭经营可以减少生产过程对人工劳动的协调管理成本。[①] 这种成本虽然随着机械化水平的提高而减少，但在农业生产中始终存在。这是家庭经营的基本优势。

家庭经营还能适应不同的生产力发展水平要求，有较强的弹性，既适应传统农业的生产力水平，也适应现代农业的发展要求。已经实现农业现代化的美国、法国、日本等国家，农业生产大多仍采用家庭农场经营模式。家庭农场强调以家庭劳动力为主，就是为了保持家庭经营的优势。

规模化经营是指在一定的经济社会条件下，将各种生产要素以一个最优的组合并结合有效的管理经营方式以实现生产效率最大化的经营模式。耕地是农业生产不可替代的主要生产资料，在提到粮食生产时所指的规模化经营一般是指耕地的规模化经营。实现规模化经营才可能实现劳动、机械和耕地的最佳配置，提高劳动生产率和土地生产率、土地利用率，有利于实现农业现代化，等等，其优越性已经得到公认。

粮食家庭农场作为适度规模经营的载体，能够实现家庭经营优势和规模优势的叠加与统一，可以提升农民的收入水平，在一定程度上推动了现代农业的发展，提高了粮食生产水平。

（二）粮食家庭农场是农业现代化的载体

家庭农场的规模化经营更加有利于农业产业化和农业现代化的发展，特别是能够在农业社会化服务和自营之间做出更有效率的选择。这

---

① 参见陈锡文：《构建新型农业经营体系 加快发展现代农业步伐》，《经济研究》2013 年第 2 期。

是家庭农场的第二个优势。

农户作为生产主体的情况下，需要通过农业生产过程各主要环节的专业化、社会化来实现机械化、现代化。这种模式的现代化，由于农户规模小而效率比较低，农户也是农业产业化经营链条中最为薄弱的一环，制约了农业产业化经营的发展。家庭农场作为生产主体成为农业产业化链条中的一环，则会从两方面提高效率：一是家庭农场具有规模的优势；二是家庭农场可以在农业社会化服务和自营之间做出更有效率的选择。

传统农业的一个基本特征是自给自足的小农经济，小农经济自身能够解决农业生产中所使用的生产工具及其他所需要的生产原材料，生产的粮食、蔬菜等农产品除了少量的在市场上销售以外，大部分是农民自己留存消费。工业革命加快了社会的技术进步和社会分工的发展，同时也加速了农业产业分化的进程，与其他生产部门的联系也越来越多，农业生产从单一产业模式逐渐脱离，与二三产业的关联越来越密切，农业产业本身的分工也越来越细。① 属于生产环节的各个方面中，分离出了原属于传统型农业的许多生产性职能，农业产业化水平的提高，成就了一系列独立的产前、产中、产后与农业生产存在密切联系的产业部门。伴随着农业产业分化的发展，农业与农业产业的相关性也越来越依赖于农业产业化的发展。农业关联产业之间的联系，已经突破了传统意义上的人力、资金、资源等方面的经济联系，而且在生产技术上也存在着密切的投入关系与产出关系。通过长期、固定的经济合同，建立稳固的业务联系，降低交易成本，扩大经营范围，同时，在经济上结合联盟

---

① 参见 Griliches Zvi, Jacob Schmookler, "Inventing and Maximizing", *American Economic Review*, 1963, Vol.53。

形式的利益共同体。① 上述农业产业的发展历程是建立在科技进步和产业分化基础之上的，通过利用产业间的关联关系实现"农业的产业化"。

农业产业化理论可以用来分析在市场经济条件下，农业生产中的产业化经营需求，进而分析家庭农场与其关联企业之间的利益联系。

（三）粮食家庭农场是新型职业农民的载体

能够促进和实现传统农民向新型职业农民转变（传统农民终结于家庭农场：现代意义的农业经营者与产业工人的蜕变、涅槃与诞生）、以家庭农场为成员的合作社。这是家庭农场的第三个优势。

随着在城镇化进程中农业劳动力不断向二三产业转移，农民数量逐步减少，继续从事农业生产的农民能够经营更多的土地，农民人均土地经营规模扩大，从而使劳动者和土地生产资料可以更好地结合，有利于农业生产力的发展。这也同时要求继续从事农业生产的农民完成转型。家庭农场的建立有助于传统农民向新型职业农民的转型，也是新型职业农民转型的载体。党的十七大报告中提出新型农民要有文化、懂技术、会经营，2012 年"中央一号文件"提出要大力培育新型职业农民。区别于传统农民，新型职业农民是以务农为终身职业，具有高度的稳定性、高度的社会责任感和现代观念的市场主体，是掌握相关农业技术、具有一定经营管理能力的人力资本。新型职业农民主要包括已有多年农业经验的农民、外出打工后的返乡创业者、大中专毕业生、农业技术人员等，这些有知识、懂技术、有一定管理能力的新型农民，将在农业中大显身手。只有给他们提供合适的平台，他们的作用才能得到充分发

---

① 参见 Lindner，R.，Gibbs，M.，"A Test of Bayesian Learning from Trails of New Wheat Varieties"，*Australian Journal of Agricultural Economics*，1990，Vol.34。

挥。家庭农场有适度的土地规模，可以使新型农民与土地更好地结合，有利于现代农业技术和农业机械的运用，也有利于新型农民在实践中不断提高自身素质，能满足新型职业农民创业发展的要求。

家庭农场为新型职业农民提供了施展才能的平台，是农业生产力发展中物的因素；而新型职业农民也可通过家庭农场这种新型农业组织形式充分发挥他们的作用，是农业生产力发展中人的因素：两者的有机结合共同推动农业生产力的发展。

三、发展粮食家庭农场的根本约束条件

家庭农场的发展往往被看成是土地、劳动、资本、技术等生产要素的资源配置问题，应运用经济学成熟的理论和方法进行分析。而事实上，家庭农场的发展不仅是一个经济问题（参见第三章等章节的有关内容），因而不能盲目用经济的理论和方法来分析之。家庭农场的发展有一些特殊的、根本性的约束条件。

一是作为农业生产基本要素的农业劳动力供给在很大程度上不受市场调节。首先，在一定地域内，农业劳动力与土地之间的匹配关系基本是给定的自然条件和制度条件（家庭经营的基本经营制度），而不是由市场机制配置来决定的，在一定时期（总人口一定、城镇化水平一定、农业人口一定），农业劳动力与土地之间的匹配关系是受自然资源禀赋制约的。[①] 其次，诸多因素限制了农业劳动力像工业劳动力那样跨

---

① 参见苏昕、王可山、张淑敏：《我国家庭农场发展及其规模探讨——基于资源禀赋视角》，《农业经济问题》2014 年第 5 期。

地域流动。所以，在一定地域内农业劳动力与土地之间的匹配关系是一个先天给定的自然条件，这个比例不可能像工业那样人为进行调整。劳动力有可能相对稀缺，也可能相对过剩，并不是像新自由主义经济学理论那样假设所有生产要素都是稀缺的，市场调节会使其达到最优配置。随着城镇化进程中农业劳动力转移到二三产业就业，农业劳动力剩余的情况已有根本性改变，在农业劳动力相对不足的情况下，才可以通过机械的使用来替代劳动，改变农业劳动力与土地之间的匹配关系，但这一过程根本上是受农业劳动力转移速度的影响，而不是市场机制的调节。

二是粮食家庭农场发展所需要的土地供给在很大程度上不受市场调节。粮食家庭农场发展需要通过土地流转而形成土地规模，其生产作业活动在一个合理的半径才是可能和经济的，这要求土地的地块相对集中。但由于土地的位置不可移动，也由于家庭经营中承包权的分配要考虑土地等级和远近距离的搭配，于是土地细碎化不仅不可避免，而且长期难以改变。要将合理半径内的地块同时流转或将地块调整得相对集中，是一件艰难而复杂的事情，非经济因素起相当作用，市场机制发挥的作用有限。

三是作为农产品载体的生物生长具有周期性特点，特别是农作物生长的季节性特点导致了农产品供给季节性集中上市的特点。这导致农业的资源配置具有滞后性，同时导致农业生产用工在农忙季节和农闲季节差别较大，用资源配置的一般方法分析较为困难。

以上特点决定了农业资源配置不能运用工业经济理论分析，不能套用工业发展的理论和思路。

第二章　粮食家庭农场发展现状
及其统计特征

  家庭农场是实现农业适度规模经营的重要组织形式。在中国，虽然中央提出家庭农场的概念比较晚，家庭农场相对来讲还是一个新生事物。但是，一些先进地区和农户早已开始了有意义的积极探索。20 世纪末，一些种田能手通过承包大片耕地，从事农业的规模化生产，初步具备了家庭农场的基本特征。[①] 特别是近几年，中央将家庭农场发展明确为农业生产经营组织创新的重要组成部分和农村新型生产经营主体，家庭农场进入了快速发展阶段，但这更多地体现在数量方面。在现实中，家庭农场规模参差不齐，经营仍处于相对粗放的阶段，还有待进一步加强规范化和标准化，提升家庭农场的发展品质。

---

① 参见邵平、荣兆梓：《家庭农场财政补贴政策的效用研究——以上海松江模式为例》，《上海经济研究》2015 年第 9 期。

一、家庭农场和粮食家庭农场发展现状

（一）家庭农场发展概况

为贯彻落实中央精神，加快构建新型农业经营体系，各地积极探索创新，采取各种措施引导推进家庭农场发展，使家庭农场迅速成为现代农业发展的有生力量和农民增收致富的有效载体。实践表明，家庭农场有利于促进农业集约化、专业化、规模化经营，有利于促进农业转型、培养新型职业农民。家庭农场在各地发展迅速。近几年全国家庭农场的发展状况参见表1。

表 1　近几年全国家庭农场的发展状况

年份 \ 指标	认定数量	经营耕地面积 / 平均	平均销售收入	劳动力 / 雇工数
2012	3.32 万个	664 万亩 /200.2 亩	18.47 万元	6.01 人 /1.68 人
2015	24 万个	3343.7 万亩 /176.1 亩	36.8 万元	6.6 人 /2.3 人

注：2015 年的家庭农场认定数量和经营耕地面积是 2015 年 6 月底的统计数据；平均销售收入、劳动力和雇工数是 2015 年末对全国 34.3 万家典型家庭农场的调查数据。

数据来源：农业部相关资料。

一是家庭农场认定（或注册）数量增加迅速。2013 年，农业部针对家庭农场进行了全面调查。调查显示，截至 2012 年底，全国共有符合统计标准的家庭农场 87.7 万个，被有关部门认定或注册的家庭农场共有 3.32 万个，其中农业部门认定 1.79 万个，工商部门注册 1.53 万个。到 2015 年 6 月底，县级以上农业部门认定的家庭农场达到 24 万个。

二是家庭农场经营总面积增加幅度大，但平均经营规模在降低。2012 年注册或认定的家庭农场经营耕地总面积约为 664 万亩，平均经营耕地规模达到 200.2 亩，是全国承包农户平均经营耕地面积 7.5 亩的近 27 倍；2015 年 6 月底的调查数据显示，家庭农场经营耕地总面积 3346.7 万亩，平均每个家庭农场经营耕地 176.1 亩；而 2015 年底对全国 34.3 万家典型家庭农场的调查显示，家庭农场经营耕地总面积 4310.9 万亩，平均每个家庭农场经营耕地在 125 亩左右。

三是家庭农场经营以种养业为主，且变化不大。2012 年，从事种养业的家庭农场占家庭农场总数的 98.2%；2015 年，从事种养业的家庭农场占家庭农场总数的 96.1%。其中，从事种植业的家庭农场占家庭农场总数的 61.9%；从事畜牧业的家庭农场 6.6 万个，占家庭农场总数的 19.3%；从事渔业、种养结合家庭农场分别占家庭农场总数的 5.9%、9.0%。

四是家庭农场平均年经营总收入增加较大。2012 年，全国家庭农场经营总收入为 1620 亿元，平均每个家庭农场为 18.47 万元；2015 年对全国 34.3 万家典型家庭农场的调查数据显示，各类家庭农场年销售农产品总值 1260.2 亿元，平均每个家庭农场 36.8 万元。其中，年销售总值在 10 万元以下的家庭农场 11.4 万家，占家庭农场总数的 33.2%；10 万—50 万元的占 44.2%；50 万—100 万元的占 15.3%；100 万元以上的占 7.2%。

五是家庭农场以家庭劳动力为主。从家庭农场的劳动力情况看，2012 年，平均每个家庭农场劳动力为 6.01 人，其中，家庭成员劳动力为 4.33 人、常年雇工为 1.68 人；2015 年的调查数据表明，平均每个家庭农场劳动力为 6.6 人，其中家庭成员为 4.3 人，常年雇工为 2.3 人。

六是对家庭农场扶持力度小。截至 2015 年底，获得财政资金扶持的家庭农场有 2.3 万个，占家庭农场总数的 6.6%，主要集中在上海、江苏、重庆、浙江、陕西、安徽、江西等省市。扶持资金总额 13.4 亿元，其中，由省级扶持的占 42.2%、市级占 16.5%、县级占 41.3%，平均每个享受财政扶持的家庭农场获得扶持资金 5.9 万元。获得贷款支持的家庭农场有 2 万个，占家庭农场总数的 5.9%，主要集中在浙江、安徽、江苏、江西、湖北等省市。

（二）粮食家庭农场的发展现状

目前，专门针对粮食家庭农场的调查和统计数据还比较少，但是，粮食家庭农场已成为我国粮食生产过程中一支不可或缺的力量。据 2015 年 6 月底的统计数据，在全国认定的 24 万个家庭农场中，从事种植业的家庭农场为 14.2 万个，占家庭农场总数的 59.0%。其中，从事粮食生产的 8.4 万个，占种植类家庭农场总数的 59.0%。各类家庭农场经营土地面积 3343.7 万亩，其中，种植业经营耕地面积 2493.2 万亩，占 74.6%，平均每个种植业家庭农场经营耕地 176.1 亩。从种植业家庭农场经营耕地的来源看，流转经营的耕地面积为 1981.5 万亩，占 79.5%；家庭承包经营和以其他承包方式经营的耕地面积为 511.7 万亩，占 20.5%。

据 2015 年底对全国 34.3 万家典型家庭农场的调研数据，从事种植业的家庭农场达 21.2 万个，占家庭农场总数的 61.8%，其中，从事粮食生产的 14.4 万个，占种植类家庭农场总数的 67.9%。各类家庭农场经营土地面积 5191.4 万亩，其中耕地面积 4310.9 万亩，占 83.0%。平均每个家庭农场经营耕地在 125 亩左右。从事粮食生产的家庭农场，耕地经营规模在 50—200 亩的占 63.1%，200—500 亩的占 28.0%，500—1000 亩的占 6.5%，1000 亩以上的占 2.4%。

可见，粮食家庭农场数量大约占家庭农场总数的 40% 左右。截至 2014 年底，全国家庭承包耕地流转面积达到 4.03 亿亩，流转面积占家庭承包经营耕地面积的 30.4%，而家庭农场经营耕地面积仅占耕地流转面积的 5% 左右。因此，总体来说，我国家庭农场经营的耕地面积所占全国承包耕地面积的比重较小，尚处于初级发展阶段。

二、山东省发展粮食家庭农场的基本条件

山东省土地总面积 15.67 万平方公里，全省总人口 9612 万人，其中农业人口为 5482 万人，占 57%。山东属暖温带季风气候类型，热量条件可满足农作物一年两作的需要，农业历史悠久，是传统的农业大省，耕地率属全国最高省份，全省耕地总面积为 763.57 万公顷。多年来，山东省农业农村经济发展的多项指标均居全国前列。

（一）山东省农业结构分析

山东是全国粮食作物和经济作物重点产区，是我国粮食和北方水果的主要产地，素有"粮棉油之库，水果水产之乡"之称。小麦、玉米、地瓜、大豆、谷子、高粱、棉花、花生、烤烟、麻类产量在全国占有重要地位。随着经济社会的不断发展，山东省逐渐形成了现在的多元化种植结构。

小麦、玉米主要分布在菏泽、聊城、德州、滨州、济南、青岛地

区。2014 年，全省农作物播种面积为 1103.79 万公顷，其中，粮食作物种植面积为 744 万公顷，总产量达到 4596.6 万吨。夏收粮食作物播种面积为 374.14 万公顷，其中，小麦播种面积为 374.01 万公顷；秋收粮食作物播种面积为 396.86 万公顷，其中，玉米播种面积为 312.65 万公顷，占比 78.8%，其余为花生、高粱、谷子等。

棉花是山东省最主要的经济作物之一，产区主要分布在菏泽、德州、滨州等黄泛平原地区。2014 年棉花播种面积为 59.29 万公顷。

蔬菜分布在济宁、淄博、潍坊、莱芜、青岛等鲁中和半岛地区。2014 年蔬菜与食用菌种植面积为 186.24 万公顷。

花生等油料作物主产于胶东与鲁中南丘陵区和黄泛平原地势较高的沙土地，主要集中在聊城、菏泽、泰安、威海、青岛等地区。2014 年油料作物播种面积为 77.32 万公顷，其中，花生播种面积为 75.53 万公顷（见表 2）。

果树则主要分布在烟台、青岛、威海、临沂等半岛地区和山区，其中苹果产量占全国的 1/4 以上，桃、梨、葡萄等在全国也占有重要位置。2014 年末实有果园面积为 64.33 万公顷。

同时，山东省亦是我国农区畜牧业大省，肉、蛋、奶产量在全国名列前茅。

2013 年，全省肉类总产量 774.77 万吨，其中猪肉 392.89 万吨、牛肉 67.9 万吨、羊肉 33.69 万吨、禽肉 268.8 万吨；禽蛋产量 396.59 万吨；奶类产量 281.22 万吨。

水产品丰富。山东省濒临黄海和渤海，海岸线长达 3121 公里，约占全国的 1/6，湖泊总面积 1496.6 平方公里，蓄水量 23.5 亿立方米，水产生物资源十分丰富，名、优、新、珍、稀水产品养殖发展迅速。2013

年，水产品总产量 863.16 万吨。其中，海水产品产量 699.46 万吨；淡水产品产量 163.7 万吨。水产品出口 111.2 万吨，创汇 47.11 亿美元。

表 2　2014 年山东省主要农作物播种面积

（单位：万公顷）

小麦	玉米	棉花	花生	蔬菜与食用菌
374.01	312.65	59.29	75.53	186.24

可见，山东省耕地主要用于小麦和玉米两大粮食作物的生产，花生、棉花等传统经济作物也占有较大比重，近年来，蔬菜生产发展迅猛。

（二）山东省粮食生产代表性分析

山东省粮食作物种植和生产普遍分夏、秋两季。夏粮几乎全部是冬小麦，而秋粮主要是玉米、地瓜、大豆、水稻、谷子、高粱和小杂粮，但玉米种植面积几乎占秋粮种植总面积的 80%。小麦和玉米是山东省最主要的两种粮食作物。

同时，山东省人均耕地面积虽然只有 1.21 亩，低于全国 1.38 亩/人的平均水平，但其粮食生产在全国具有重要地位。2014 年，全国粮食作物播种面积为 11272.3 万公顷，产量为 60702.6 万吨。同年，山东省粮食作物种植面积为 744 万公顷，占全国粮食作物播种面积的 6.6%，总产量达到 4596.6 万吨，占全国粮食总产量的 7.6%。

其中，小麦和玉米的种植面积和产量在全国具有代表意义。2014 年，全国小麦播种面积为 2406.9 万公顷，产量为 12620.8 万吨；玉米播种面积 3712.3 万公顷，产量为 21564.6 万吨。而同年，山东省小麦播种面积为374万公顷，占全国小麦播种面积的15.5%，产量为2263.8万吨，占全国总产量的17.9%；玉米播种面积为312.7万公顷，占全国玉米播种面积的8.4%，产量为1988.3万吨，占全国总产量的9.2%。

（三）山东省农业劳动力供给情况分析

一方面，近些年来，山东省总就业劳动力数量虽然持续增长，但是，农业劳动力数量呈逐年减少趋势。2000年，第一产业从业人员为2887.7万人，占全省总就业人数的53.1%；2010年，第一产业从业人员为2273.1万人，占全省总就业人数的35.5%；到2014年，第一产业从业人员减少为2032.2万人，仅占全省总就业人数的30.7%。而另一方面，山东省作为经济较为发达地区，非农就业机会相对较多，农村劳动力中非农就业比重不断上升，农村务农人员年龄日趋增大，女性所占比例日渐增多。根据山东省部分地区的调查，目前农村务农人员年龄绝大部分在55岁到65岁之间，45岁以下青壮年鲜有务农者。这部分人员从事农业生产的原因通常是由于年龄大、文化素质低，难以在城市和农业外其他行业找到工作，而不得不从事农业生产。

（四）山东省农业现代化水平分析

1. 农产品和畜产品标准化水平稳步提升

2015年新制定修订农业地方标准60项，简明技术规程100项；首次认定省级农业标准化生产基地430个，总面积120余万亩。创建国家级畜禽标准化示范场22家、省级300家；创建省级现代畜牧业示范区（园）50个，规模化标准化养殖比重达到68%。新发展"三品一标"产品1354个，总数达到6935个。蔬菜、水果农药残留监测合格率达到

99.1%，畜产品抽检合格率达到 99% 以上。

2. 生态循环农业建设取得明显成效

2015 年，按照"一控两减三基本"的要求，在 20 个县（市、区）实施了生态循环农业示范项目，全省规模以上示范基地达到 1500 多个，面积 150 多万亩。水肥一体化推广面积达到 90 多万亩，畜禽粪便处理利用率达到 70%，农作物秸秆利用率达到 85%。在 66 个县（市、区）开展农机深松作业面积达到 1657 万亩，实施保护性耕作技术集成与示范面积 2200 万亩。

3. 科技支撑能力显著增强

2015 年，全省建立现代农业产业技术体系创新团队总数达到 22 个。在 72 个县推广 10 项畜牧关键技术，扶持 100 个县建设试验示范基地共 209 个，培育畜牧科技示范场户 3442 户；确定新型职业农民培育整体推进市 1 个、示范县 92 个、省级实训基地 200 个。发布农业主导品种 51 个、主推技术 53 项；审定主要农作物品种 36 个、非主要农作物品种 24 个；持证种业企业达到 321 家。国家级生猪核心育种场达到 8 家、肉牛 2 家，家禽扩繁基地 2 家。

4. 农机化装备水平进一步提升

2015 年全省农机总动力达到 1.35 亿千瓦，比去年增长 2.3%，农机总值达到 890 亿元，主要农作物耕种收综合机械化水平达到 81.3%。

5. 农村土地产权综合改革基本完成

截至 2015 年，全省有 73325 个村（社区）完成了承包地确权登记颁证工作，占总数的 95.7%；覆盖承包土地面积 8981 万亩，占全省承包土地面积的 97.45%。农村土地流转面积达到 2247.1 万亩，占家庭承包经营面积的 24.1%，加上各类土地托管服务，土地经营规模化率达到

40% 以上。

（五）山东省农业社会化服务分析

近年来，山东省农业社会化服务能力提升迅猛。2015 年，全省规模以上龙头企业达到 9300 多家，销售收入 1.57 万亿元；全省农机合作社已发展到 6323 家，社员 12.3 万户，完成作业面积近 9000 万亩，占全省农机作业量的 40%，年度总收入达到 62 亿元。落实小麦、玉米等农业保险承保面积 8330 万亩，保费收入 13 亿元。保险承保能繁母猪、育肥猪 286 万头；推进生猪、奶业目标价格保险工作，签订了《山东省银行保险支持现代畜牧业发展和兽医卫生监管服务合作协议》，与保险理赔工作相结合的病死畜禽无害化处理体系进一步完善。

三、山东省粮食家庭农场发展概况及其特征

家庭农场作为近年刚刚提出来的新型农业经营主体，在山东省发展迅速。[①] 据统计，2014 年底，全省在工商部门注册的家庭农场约 3.8 万家，而截至 2015 年底，山东省经工商部门注册登记的家庭农场已将近 6 万家，经营土地面积 283.4 万亩。作为粮食生产大省，山东省不断加大对粮食家庭农场的补贴扶持力度，各地区根据实际情况对粮食家庭农场有所支持。总体来看，山东省家庭农场的发展有以下特征。

---

① 参见高强、刘同山、孔祥智：《家庭农场的制度解析：特征、发生机制与效应》，《经济学家》2013 年第 6 期。

（一）行业结构较为合理，但各地市间发展不平衡

从行业结构来看，山东省以种植类的家庭农场为主，兼有养殖类和种养结合类家庭农场，分布比例适中。从农业部门的统计情况看，种植业占84.2%，养殖业及种养结合的占9.9%，其他产业占5.8%。其中，从事粮食生产的有10713家，占种植业家庭农场的52.5%。家庭农场中生产经营规模较大的一般都是粮食家庭农场。另外，由于山东省各地市的土地资源禀赋差异，各地市间家庭农场发展不平衡，家庭农场多分布在平原地区。

（二）经营结构趋向多元化

山东省家庭农场的经营结构主要分为单一型和综合型两种，目前，逐渐从一开始的单一结构的种植业包括蔬菜和粮食，发展到了蔬菜、粮食、经济作物、动物和水产品养殖相结合的经营结构，农场主一般选择几种不同类别的组合，一般是以蔬菜、瓜果和粮食种植为主要对象，种植业和养殖业相结合的方式，而水产养殖和动物养殖相对而言较少。

（三）经营规模较为适中

若按照从事种植业的家庭农场经营规模看，经营耕地面积200亩及以下的占76.3%，经营200—500亩的占18.5%，经营500—1000亩的占3.8%，1000亩以上的占1.4%。可以看出，从种植业总体上看，山东省家庭农场经营规模并不是很大，相对较为适中。

（四）家庭农场主整体素质较高，但专业技术能力相对不足

据统计，山东省进行工商注册登记的家庭农场经营者中，年龄在50岁以下的占75%以上，其中70%以上具有高中及以上学历。但在这些家庭农场主中，农业技术专业人才较少，造成普及先进农业生产技术和提升经营管理水平的困难。

四、粮食家庭农场特征的统计描述

课题组对山东省的曲阜、济阳、宁津、垦利、平度、莱西、滕州、巨野、曹县、莒县等县（市）的53户粮食家庭农场和133个农户进行了访谈和问卷调查。本着尽最大可能多用样本的原则，并结合不同模型对问卷填写要求不同的实际，本书在运用模型进行分析的时候，选取的样本数量略有差异。

（一）个体特征

1. 年龄分布

要调查的样本中，农场主的平均年龄为44.1岁，最大年龄为61岁，最小年龄为28岁。其中，年龄超过60岁的有2人，占比3.8%；年龄在50—60岁之间的有13人，占比24.5%；年龄在40—50岁之间的有25人，占比47.2%；40岁及以下的有13人，占比24.5%，其中年龄在35岁以下的仅有6人。具体如图1所示。可以看出，目前，家庭农场主的年龄主要集中在40—50岁之间，40岁以上的农场主人数占到了

75% 左右，年轻农场主所占比例较低。

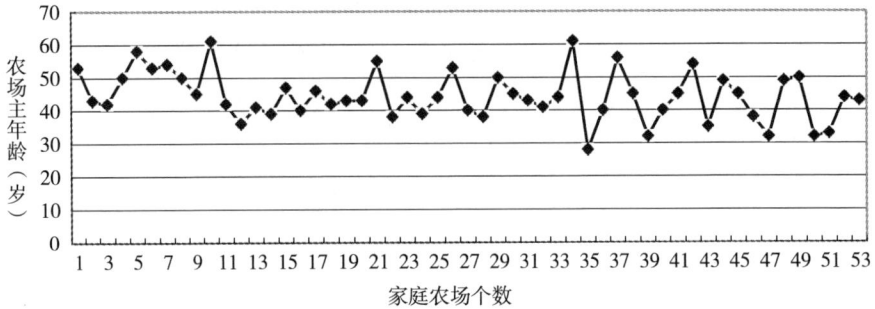

图1　山东省粮食家庭农场主年龄分布情况

2. 受教育程度

调查显示，家庭农场主的文化程度具体分布如下：具有大专及以上学历的有 4 人，占比 7.6%；具有高中（包括中专）学历的有 29 人，占比 54.7%；具有初中文化程度的有 17 人，占比 32.0%；具有初中以下文化程度的仅有 3 人，占比 5.7%，其中 1 人未上过学。可见，家庭农场的受教育程度大多集中在初中和高中两个阶段，二者占到总数的 86%以上。

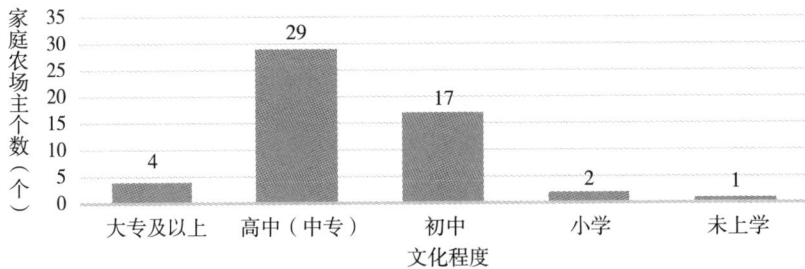

图2　山东省粮食家庭农场主文化程度分布情况

3. 家庭农场主的职业分布

本调查从家庭农场主从事家庭农场经营之前的职业和是否兼有家庭农场经营外的其他工作两个方面对山东省粮食家庭农场主的职业状况展开了调查。具体情况如下。

从事粮食家庭农场经营之前家庭农场主从事的职业可划分为务农、打工和其他职业三种情形。在所调查的 53 户家庭农场中，从事职业情况如图 3 所示。专门从事务农的人数有 12 人，占比 22.6%；打工的人数有 3 人，占比 5.7%；从事其他职业的有 38 人，占比 71.7%，从事职业包括工人、服装和建筑等个体经营、养殖和公务员等等。

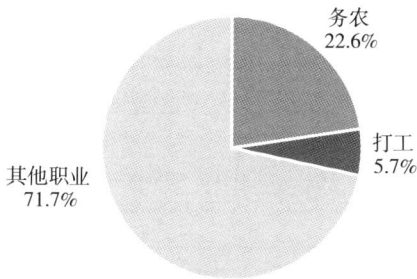

图3　山东省粮食家庭农场主的职业分布情况

目前粮食家庭农场主是否兼有家庭农场经营外的其他工作情况如下：除家庭农场经营外不兼有其他工作的家庭农场主有 25 人，占比 47.2%；除家庭农场经营外还兼有其他工作的有 28 人，其中在村委会或合作社担任职务的有 5 人，从事农资供应、粮食收购、农机出租或维修等与农业生产相关职业的有 15 人，其余 8 人从事职业与农业生产没有关联。

（二）土地特征

1. 土地经营规模

关于粮食家庭农场经营规模数据，如图 4 所示。可以发现，粮食家庭农场的经营面积主要集中在 200—500 亩左右，粮食家庭农场平均经营面积为 290 亩。其中，经营面积最高的达到 1550 亩，最低的为 27 亩。经营面积为 100 亩以下的家庭农场有 2 家，占 3.8%；100—199 亩的家庭农场有 12 家，占 22.6%；200—499 亩的家庭农场有 34 家，占 64.2%；500—1000 亩的家庭农场有 3 家，占 5.7%，1000 亩以上的有 2 家，占 3.8%，其中 4 家经营面积超过 3000 亩。可见，家庭农场的经营规模主要集中在 200—500 亩之间，但也存在一些超大规模的情况。

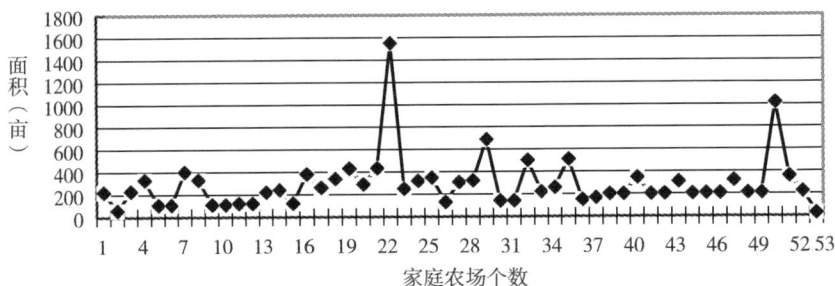

图 4　粮食家庭农场的面积

2. 土地来源及获取途径

调查显示，目前，粮食家庭农场获取土地主要采取 3 种方式，分别是租入、转包和互换。其中，租入是最重要的土地获取方式，其次是转包。所调查的 53 户家庭农场中，采用土地租入方式的有 37 户，采用转包方式获取土地的有 14 户，而采取互换方式的虽然存在，但面积较少，只是作为租入和转包方式的一个补充。余下 2 户的土地来源于直接展包。

在土地获取过程中，发现共存在4种途径，分别是：① 家庭农场主直接和土地出租者对接达成土地流转；② 通过政府和村委会；③ 通过中介收费租入；④ 通过土地流转市场。其中，采取途径 ① 的有29户，采取途径 ② 的有23户，采取途径 ③ 的有3户，采取途径 ④ 的仅有1户。

3. 土地租金和协议使用年限

土地租金和协议使用年限是影响粮食家庭农场发展的重要因素之一。调查显示，粮食家庭农场土地租金主要介于300—1200元/亩之间，平均租金为778.69元/亩。其中，租金在300元/亩以下的有4户，介于300—500元/亩之间的有9户，介于500—800元/亩之间的有11户，介于800—1000元/亩之间的有8户，1000元/亩及以上的有21户。具体如图5所示。

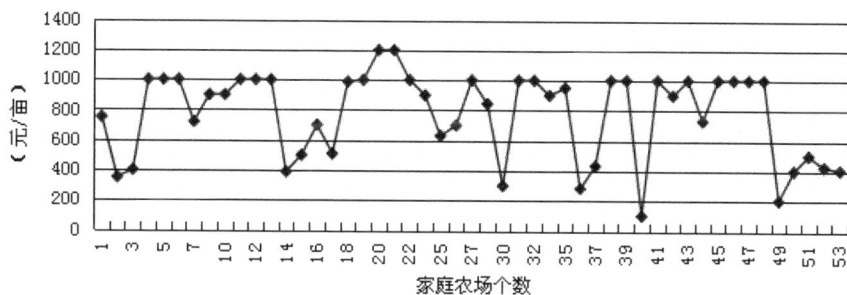

图5 粮食家庭农场土地租金分布状况

土地协议使用年限处于1—50年之间不等，如表3所示。其中，5年以下的有4户，5—10年之间的有12户，10—15年之间的有22户，15—30年之间的有9户，30年及以上的有5户，还有1户未确定使用年限。

表 3　粮食家庭农场土地协议使用年限情况

年限	5 年以下	5—10 年	10—15 年	15—30 年	30 年及以上	未确定
户数	4	12	22	9	5	1

签订土地流转协议的 48 户，未签订协议的有 2 户，部分土地未签订协议的有 3 户。

（三）生产特征

1. 基础设施投入

调查显示，粮食家庭农场基础设施投入项目主要包括生产道路、仓储设施、水利设施、晾晒场地和灌溉易耗品等的购买和建设。在所调查的 53 户家庭农场中，上述基础设施投入额共计 1779.61 万元，平均每户投资额为 33.58 万元。家庭农场具体投资项目类型如下：

进行生产道路维护和建设投资的有 35 户，其中，最多者投入 50 万元，最少者投入 1000 元，平均每户投入资金 6.04 万元；

进行仓储设施建设投资的有 36 户，其中，最多者投入 400 万元，最少者投入 1500 元，平均每户投入资金 28.08 万元；

进行水利设施投资的有 35 户，其中，最多者投入 100 万元，最少者投入 1500 元，平均每户投入资金 8.09 万元；

进行晾晒场地设施投资的有 24 户，其中，最多者投入 20 万元，最少者投入 1000 元，平均每户投入资金 6.96 万元；

进行灌溉易耗品投资的有 48 户，其中，最多者投入 50 万元，最少者投入 500 元，平均每户投入资金 2.01 万元。

从以上分析可以看出，不同家庭农场基础设施建设投资差别很大。

2. 机械投入

调查显示，粮食家庭农场机械投入项目主要包括播种机、耕作机、拖拉机、收割机、喷灌设备、水泵、喷药机具、微型旋耕机、农用机动车和烘干设备等。2014 年，53 户家庭农场机械总投入为 684.98 万元，平均每户投入额为 12.92 万元。其中，播种机投入额为 54.02 万元，耕作机投入额为 106.39 万元，拖拉机投入额为 160.14 万元，收割机投入额为 225.32 万元，喷灌设备投入额为 10.90 万元，水泵投入额为 43.80 万元，喷药机具投入额为 23.86 万元，微型旋耕机投入额为 12.51 万元，农用机动车投入额为 45.62 万元，只有一户家庭农场购买了烘干设备，投入额为 1.68 万元，其他机械设备投入额为 7465 元。可见，粮食家庭农场机械设备投入最多的为收割机，其次为拖拉机。

3. 劳动力投入量及来源

对于粮食家庭农场劳动力投入量的测算，主要从家庭成员和长期雇佣劳动力两个方面进行。

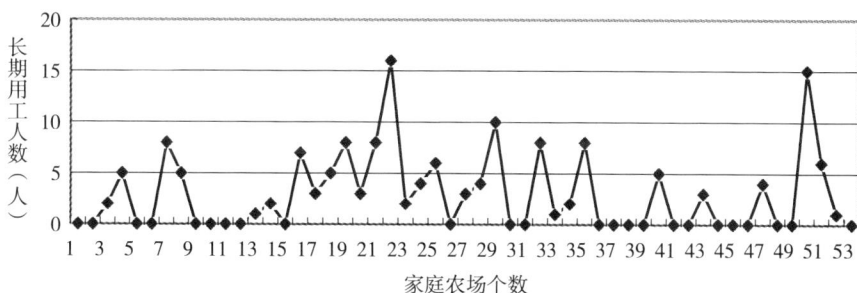

图 6　粮食家庭农场长期劳动力数量

调查结果显示，粮食家庭农场的家庭成员参与家庭农场劳动的平均人数为 2.02 个，家庭农场的长期用工平均人数为 2.92 个。然而，不同的家庭农场在劳动力投入方面表现出极大的差异，见图 6。在所调查的 53 户家庭农场中，有 5 位家庭农场主完全不参与家庭农场的生产活动，占家庭农场总数的 9.4%。其余 48 户家庭农场中，42 位家庭农场主在农场的年均劳动时间在 200 天以上。而对于家庭农场主的配偶，则有 10 位不参与家庭农场生产，占家庭农场总数的近 20%，其余 43 户家庭农场中，有 35 位在家庭农场的年均劳动时间在 200 天以上。家庭农场的家庭成员参与劳动的人数，80% 以上为夫妻两个人共同经营家庭农场。

对于家庭农场长期用工的情况，所调查的 53 户家庭农场雇用人数共 195 人，其中男工人数为 119 人，女工人数为 76 人，家庭农场户均雇用长期劳动力为 3.25 人。但是，具体到每一户家庭农场却存在巨大差别，如图 7 所示。所有家庭农场中，有 22 户没有长期雇用劳动力，约占家庭农场总数的 42%；年均雇用长期劳动力 1—2 人的家庭农场有 13 户，占家庭农场总数的 25%；年均雇用 3—5 人的有 6 户；年均雇用 5 人以上的有 12 户，其中雇用长期劳动力最多的家庭农场达到16 人。

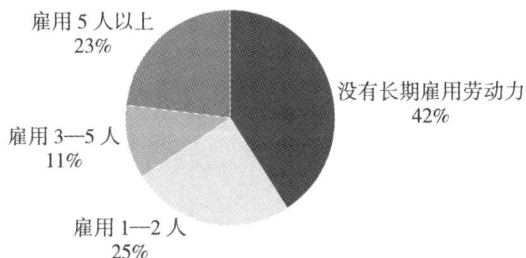

图 7　粮食家庭农场年均雇用长期劳动力情况

粮食家庭农场雇用的长期劳动力的平均年龄为 50 岁，其中，男工平均年龄为 51 岁，女工平均年龄为 48 岁。男工年龄在 50 岁以上的占

78.4%，其中 60 岁以上的占 24.3%，年龄最大的为 65 岁，年龄最小的为 25 岁；女工年龄在 50 岁以上的占 75%，年龄最大的为 60 岁，年龄最小的为 32 岁。

（四）经营特征

所调查的家庭农场粮食种植通常为两季作物，分别为小麦和玉米。家庭农场粮食销售渠道主要有粮库、粮店、粮贩子、种子公司和粮食加工企业等。小麦销售给种子公司的家庭农场有 9 户，销售给粮店的有 8 户，销售给粮库的有 11 户，销售给粮贩子的有 15 户，销售给粮食加工企业的有 8 户，其余 2 户为家庭农场自己加工或自营销售。如表 4 所示。

表 4　家庭农场小麦销售渠道情况

销售对象	种子公司	粮店	粮库	粮贩子	粮食加工企业	自己加工或自营销售
户数	9	8	11	15	8	2

而家庭农场玉米销售渠道主要有粮贩子、粮店、粮库和粮食加工企业。在当年收获玉米的 52 户家庭农场中，销售给粮店的有 6 户，销售给粮库的有 7 户，销售给粮贩子的有 30 户，销售给粮食加工企业的有 6 户，销售给种子公司的有 1 户，其余 2 户为家庭农场自己加工。如表 5 所示。

表 5　家庭农场玉米销售渠道情况

销售对象	粮店	粮库	粮贩子	粮食加工企业	种子公司	自己加工
户数	6	7	30	6	1	2

2014 年，家庭农场小麦亩产为 972.5 斤，平均销售价格为 1.23 元；

玉米亩产为 1154.5 斤，平均销售价格为 1.07 元。如图 8 所示，经测算，家庭农场粮食生产亩均纯收入 426.08 元，其中亩均收入最高者为 1575.5 元；最低者为－667.75 元。可见，家庭农场在粮食生产和经营效益方面具有较大的差距，最高收入与最低收入相差 2243.25 元，体现出了家庭农场在粮食生产和经营效益方面存有较大差距。通过我们实地调研发现，许多家庭农场亏损的主要原因是租金过高或前期投入过大。

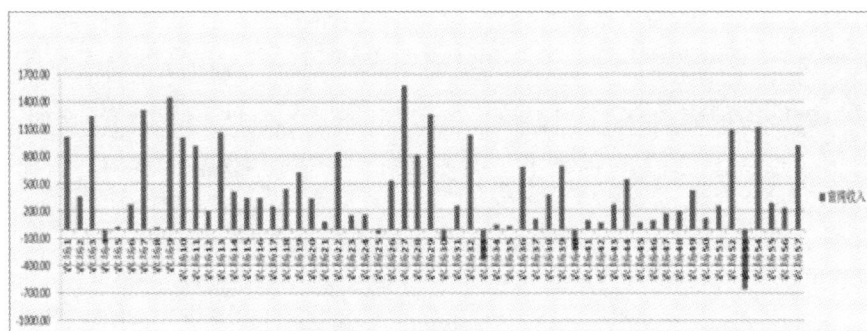

图 8　家庭农场粮食生产亩均纯收入情况

五、粮食家庭农场发展面临的困难和问题

（一）粮食家庭农场发展面临的困难

通过访谈式调查获得了粮食家庭农场自身发展遇到的实际困难信息。从家庭农场反馈结果看，资金不足、转入土地等是制约家庭农场发展的主要障碍。具体情况如表 6 所示。

所调查的 53 户家庭农场中，仅有 1 户认为其在家庭农场生产和经营中没有遇到困难。其余 52 户家庭农场中，反映资金不足的有 40 户，反映土地转入困难的有 22 户，反映灌溉等基础设施条件差的有 15 户，反映缺乏晾晒场地和仓储设施的有 12 户，反映社会化服务不到位的有 11 户，反映雇用劳动力困难或工资太高的有 10 户，还有 3 户反映存在技术上的困难。

表 6　粮食家庭农场发展中的困难一览表

困难	资金不足	土地转入困难	灌溉等基础设施条件差	缺乏晾晒场地和仓储设施	社会化服务不到位	雇用劳动力困难或工资太高	技术困难
户数	40	22	15	12	11	10	3

资金不足和灌溉等基础设施条件差是家庭农场面临的普遍困难。通过问卷对基础设施的投入进行调查发现，主要包括道路修建维修、仓储设施、水利修建维修、晾晒场地、灌溉易耗品和其他建筑设施等的投入，仅占家庭农场总支出的 3.85%。

由于资金不足，大部分家庭农场只是简单地修整一下两块地之间的沟渠使之连成片，田间道路的路况差，很多水渠设施都已老化，如果进行修整需要花费大量的人力、物力和财力，由于家庭农场租用农户的土地年限较短，很多农场主只是对道路进行简单平整，但对于农业生产活动来说往往是不够的，不能起到很好的灌溉作用。

对于粮食家庭农场而言，在粮食收获季节，需要解决的最大问题就是粮食的晾晒问题。建立大型的晾晒场地花费较多，单个的家庭农场承担不起这笔费用，严重影响了粮食的生产质量。很多的农场主将粮食晾晒在马路上，不仅给交通带来了不便利，对于粮食的质量也产生一定的影响。由于粮食缺乏晾晒，很多粮食都出现发霉变质的现象，严重影响了农场主的收益。

由于粮食太多而没地方晾晒，很多家庭农场只能严格控制粮食种植的面积，给粮食家庭农场适度规模发展带来了不利的影响。大多数家庭农场会选择对粮食进行简单的晾晒，不管价格高低马上出售，因为没有土地也没有足够的资金建立大型的仓储设施，家庭农场只会建立规模较小可以盛放农机具的小型仓储设施。基础设施的不完善对家庭农场适度规模发展产生了不利的影响。

（二）粮食家庭农场发展存在的问题

1. 粮食家庭农场经营者普遍存在追求更大经营规模的思想

课题组的调查统计显示，土地经营面积超过 200 亩的家庭农场有 39 家，约占所调查家庭农场总数的 73.6%。而且对家庭农场是否希望扩大经营规模及其所认为的最适宜规模调查显示，有 60% 以上的家庭农场认为应该继续扩大经营规模，只有 8% 的家庭农场希望在原有基础上缩减经营规模。除 2 户想退出家庭农场经营以外，其余希望继续经营的家庭农场经营者期望达到（或认为适宜）的平均经营规模为 1149.5 亩，期望经营规模达到 200 亩及以上的有 50 户，约占 94%；期望经营规模达到 1000 亩及以上的有 22 户，约占 41% 以上。

根据中共中央办公厅、国务院办公厅《关于引导农村土地经营权有序流转发展农业适度规模经营的意见》要求，"对土地经营规模相当于当地户均承包地面积 10 至 15 倍、务农收入相当于当地二三产业务工收入的，应当给予重点扶持"，按照山东省农户平均承包面积为 9 亩推算，粮食家庭农场的适度规模为 90—135 亩。可以看出，山东省粮食家庭农场面积明显规模过大。造成这种追求规模趋势的原因可能有两个：一是某些地区地处平原，机械化程度高，家庭农场经营者前期机械投入大，希望通过扩大土地经营规模降低机械投入成本；二是一些工商资本承租农村土地进入家庭农场经营，这些经营者资本雄厚，愿意并有能力经营更大土地规模的农场。

部分家庭农场规模过大也导致其雇用长期劳动力人数过多。家庭农场主要是以家庭成员为主要劳动力，一些家庭农场长期用工人数远远超过了家庭成员为主的劳动力人数，已经不再符合家庭农场原有的定义，也不符合家庭农场适度规模发展的理念。① 如果雇用长期工人数过多就可能成为资本化农场，不符合家庭农场适度规模的发展条件。

显然，一方面，中央关于家庭农场认定的适度经营规模和雇工人数具有一定的标准，这有利于充分利用农村现有劳动力，不至于使农村土地集中在少数人手中，让有能力、懂技术、善管理的农业从业人员通过适度规模经营提高收入，活跃农村经济；而另一方面，目前的家庭农场经营者普遍期望尽可能扩大经营规模，以期更多地降低成本，获得规模经济效应。尤其工商资本的介入使得这一趋势更加明显和复杂。② 这就导致了家庭农场经营者追求较大经营规模的愿望和家庭农场适度规模经营之间产生较大的矛盾。

2. 粮食家庭农场经营者中"真正的种田者"所占比例低

统计发现，在所调查的 53 户家庭农场中，在经营家庭农场之前，专门从事务农的人数只有 12 人，占家庭农场总数的比例不足 1/4；另外，有 3 人是外出打工后回乡创办家庭农场。而其余 38 人从事务农之外的

---

① 参见王贻术：《我国家庭农场发展研究》，福建师范大学博士学位论文，2015 年。
② 参见陈祖海、杨婷：《我国家庭农场经营模式与路径探讨》，《湖北农业科学》2013 年第 17 期。

其他职业，占比近 3/4，从事职业多种多样，包括工人、服装和建筑等个体经营者、养殖专业户和公务员等等。经营家庭农场后，仍然有将近一半的家庭农场主兼有家庭农场经营外的其他工作，并有 10% 的家庭农场主完全不参与家庭农场的生产活动。从收入来源看，有一半的家庭农场主存在除家庭农场经营外的收入，并且有 13 户家庭农场经营外收入高于家庭农场经营收入，约占所调查家庭农场总数的 1/4。

家庭农场的内涵决定了家庭农场必须以追求利润最大化经营的农业收入为主，这也是家庭农场区别于其他产业经营的最重要特征。

工商资本和其他产业人员建立和经营家庭农场，可能导致四个严重后果。

一是对具有种田能力且懂技术、善管理、能够准确把握市场的专业化的"真正的种田者"产生挤出效应，使这些人由于资金和人脉关系相对缺乏，而导致被挤出家庭农场经营。工商资本经营家庭农场使得土地大量集聚，其发展家庭农场的各种资源是种粮大户所不能比的，其采用的高租金的方式，使得家庭农场的规模过度扩大，使得一些普通农户想发展家庭农场而没有土地的现象出现，对实现家庭农场适度规模经营产生了严重的阻碍作用。

二是抬升土地流转价格，使得家庭农场经营成本增加。通过对家庭农场和农场周边农户的调查可以看出，家庭农场的租金主要集中在 300—1200 元 / 亩，普通农户的租金主要集中在 400—800 元 / 亩。家庭农场的平均租金为 778.69 元 / 亩，普通农户的平均租金为 662.94 元 / 亩，家庭农场每租一亩地就会比普通农户高出 100 元左右。

三是导致农场规模越来越大，导致土地管理粗放和管理不善，产生规模不经济效应。

四是由一群不懂农业生产和经营的人群经营管理家庭农场，会降低农业产出，加大粮食生产的不确定性，危及粮食安全。

一方面，家庭农场要求农村一大批有能力、懂技术、善管理的青年农民主导经营，然而现实中这些人却被城镇化和工业化的发展吸引到城市和农业外的其他产业，使得当前留在农村继续从事农业的人员老化且素质较低；而另一方面，家庭农场关于创办者的身份认定的农民标准和以农户家庭成员为主要劳动力的界定标准，将有意愿、有能力创办和经营家庭农场而不具有农民身份的人员排除在家庭农场经营者之外。这就导致了家庭农场现实发展中家庭农场经营者素质和农民身份认定标准的一个悖论。

3. 土地流转和连片规模经营依然存在较大困难

追求适度规模经营是家庭农场区别于普通农户的主要特征。规模经营是现代农业的重要特征之一。只有保证农业经营达到一定规模，才有助于实现农业生产经营的集约化、商品化和科技化，才有助于有效提高农业生产效率，才有助于提高市场竞争力，才能保证家庭农场经营者具有较高的收入水平。[①] 家庭农场适度规模的确定应该基于公平和效率的原则。基于公平原则，家庭农场经营者的收入应该至少不低于甚至稍高于当地城市居民的中等收入水平；基于效率原则，家庭农场应该在现有技术条件下，家庭成员确保生产效率的前提下所能经营的最大规模。

然而调查显示，近一半的粮食家庭农场经营者认为土地转入和土地成方连片存在较大的困难。由于农地流转市场交易机制不健全，导致土地获取途径不统一，交易存在自发性和随意性，交易价格不稳定，普

---

① 参见袁赛男：《家庭农场：我国农业现代化建设的路径选择——基于家庭农场与传统小农户、雇工农场的比较》，《南方农村》2013 年第 4 期。

遍存在寻找农地出租户困难和农地租用权不稳定等问题，导致土地交易费用增加。①

4. 许多粮食家庭农场管理粗放，经营不到位

调查显示，具有大专及以上学历的家庭农场主人数极少，只占到了 7.6%。总体来看，粮食家庭农场主的年龄相对偏大，文化程度相对较低，农业生产经营管理知识欠缺。对于现代化的管理方法和先进的科学技术知识不能很好地掌握和应用，对于家庭农场的管理和经营问题的处理上会存在一些偏差，从而在一定程度上阻碍了家庭农场适度规模的发展。② 同时，农村大多数的青壮年都外出打工，不再从事农业生产活动，只有年龄较大的中老年人在村子里从事农业生产活动，文化水平较低，学习能力差，仍然依靠传统种植技术，对家庭农场适度规模发展产生了严重的负面影响。

一方面，许多较大规模的家庭农场主管理能力不到位，不能合理地规划农场的农业生产活动，不能很好地将现代科学技术和管理手段与实际相结合，只是一味追求规模上的突破，而疏忽了家庭农场的管理，从而导致资源浪费、产量较低的现象。这与大多数家庭农场主自身的局限性是分不开的，职业素质较低，对农业生产经营管理不熟悉给家庭农场适度规模的发展带来了一定的影响。③ 另一方面，对于几十亩规模较小农场的农场主而言，小农意识浓厚缺乏长远规划，只注重眼前利益，缺乏创新精神，市场意识淡薄，经营理念和方法落后，认为进行相关的

---

① 参见薛凤蕊：《土地规模经营模式及效果评价》，内蒙古农业大学博士学位论文，2010年。

② 参见罗必良、李玉勤：《农业经营制度：制度底线、性质辨识与创新空间——基于"农村家庭经营制度研讨会"的思考》，《农业经济问题》2014 年第 1 期。

③ 参见屈学书：《我国家庭农场发展问题研究》，山西财经大学博士学位论文，2014 年。

技术培训浪费人力、物力和财力，对提高自己的综合素质缺乏动力和意愿，这种思想严重地阻碍了家庭农场适度规模的发展。

5. 粮食家庭农场的金融扶持政策落实难

针对粮食家庭农场经营普遍存在资金短缺问题，2014 年 2 月，中国人民银行出台的《关于做好家庭农场等新型农业经营主体金融服务的指导意见》明确提出，将从信贷支持力度、贷款利率、贷款期限、抵质押担保物范围、农村金融基础设施建设、将家庭农场纳入征信系统管理、加大信贷投入、拓宽多元化融资渠道以及出台对家庭农场等新型农业经营主体贷款的风险奖补政策等方面，为促进家庭农场发展提供有效的金融支持。

然而，从现实看，上述金融扶持政策并没有发挥其应有的效果。对于金融扶持政策的看法，家庭农场经营者普遍感到悲观。[①] 调查显示，没有打算和意愿到正规金融机构贷款的家庭农场有 14 户；认为到正规金融机构贷款没有困难和感到满意的仅有 4 户；由于缺乏抵押而遇到贷款困难的有 21 户；由于门槛高、手续麻烦而不愿意贷款的有 11 户；认为贷款利息高而不愿贷款的有 6 户；认为家庭农场金融扶持政策不到位和落实难的有 18 户。

可以看出，至少有接近 3/4 的家庭农场面临资金不足却难以从中央金融扶持政策中获得支持。目前，鼓励由正规金融机构帮助解决家庭农场资金不足的政策和措施仍然受到各种制约，难以奏效。一方面，家庭农场普遍面临资金不足的问题，中央及地方政府明确要求对家庭农场加强金融扶持；而另一方面，银行等金融机构认为对家庭农场的贷款和扶

---

① 参见潘慧琳：《家庭农场：现代农业发展新道路——对中央一号文件首次提出发展家庭农场的解读》，《决策探索（下半月）》2013 年第 2 期。

持具有较大的风险，对此抱有疑虑。中央对家庭农场的金融扶持政策难以落实，处于一个尴尬境地。

6. 社会化服务体系不健全

社会化服务是粮食家庭农场在生产环节不可或缺的一部分。社会化服务体系是否完善关乎山东省粮食家庭农场的适度规模的发展，起到不可替代的作用。调查显示，家庭农场最需要的社会化服务主要集中在农资供应、科技服务、产品销售和耕地等方面，在目前所需要的社会化服务中，农资供应约占41.51%，科技服务约占16.98%，产品销售约占15.09%，耕地约占13.21%。其他社会化服务体系相对而言较为完善。

对于农资的供应方面，粮食家庭农场对农资的需求量较大，农资的服务渠道和生产资料的流通市场还不够健全，粮食家庭农场对于农资的市场信息了解不充分，在农资市场供应紧张时，农资的供应商往往会抬高价格损害农场主的利益；大多数农场主认为农资质量具有较大的不确定性，难以分辨农资供应质量的好坏和真假，相关农资监管体系没有发挥其应有的作用。

对于农业科技服务，虽然各乡镇都有农业科技服务站，但是获得科学技术的有关渠道比较狭窄。由于科技人员数量较少，技术水平不高，难以很好地对家庭农场主定期进行技术培训，发挥科技指导作用，无法定期走访家庭农场、及时了解家庭农场相关技术方面的缺陷，以及需要改进和提高的地方，致使大多数家庭农场主对农业种植技术的掌握不到位。

在产品销售方面，销售渠道单一，没有形成相关的产业链。大多数家庭农场会把生产的粮食出售给粮贩子或者粮店，由于市场信息不对称，导致一些家庭农场面临较大的市场风险。

第三章　粮食家庭农场的适度规模

适度规模是家庭农场问题的核心，是家庭农场政策的基石。"适度"本身有多种标准，确定方法更有多种，特别是在研究家庭农场适度规模的前提认识不一致或者被忽略的情况下，更难以得出公认的结论。

家庭农场合理规模是指在一定的适合的环境和适合的社会经济条件下，通过各生产要素（土地、劳动力、资金、设备、管理等）的最优组合和有效运行，取得最佳的经济效益。

衡量家庭农场的规模是否适度，首先要坚持公平标准。公平应该作为家庭农场制度和政策制定的基本原则，在粮食家庭农场的政策设计中具有特殊重要的意义。公平应把握以下两个方面。

一方面是家庭农场与普通农户间的公平问题。（1）家庭农场与普通农户之间的收入公平。家庭农场收入应该高于普通农户，这是家庭农场发展公平原则的一方面含义。因为家庭农场具有普通农户所不具有的经营能力；家庭农场投入的资本应获得合理的回报；家庭农场承担的风险高于普通农户，应获得风险回报。（2）家庭农场与普通农户之间的补贴公平的平衡点。厘清家庭农场的补贴、普通农户的种粮补贴，分析种粮补贴在家庭农场和普通农户之间的分割，按照家庭农场享受的补贴应该与普通农户相当的平衡点，分析家庭农场的合理补贴。

另一方面是家庭农场与城镇居民家庭收入之间的公平问题。家庭农场的收入要与城镇家庭的收入相当。这是职业农民与市民作为人的平等的必然要求。

当地城镇居民平均的家庭收入应该是公平条件下家庭农场的合理收入。以这个合理收入作为约束条件来确定家庭农场的适度规模。

衡量家庭农场规模是否适度，当然也要有效率标准，要看土地生产率、劳动生产率，需要强调资源配置的最优化和充分利用。对家庭农场而言，发展适度的规模经营，有利于提高农业生产的效率，从而增加农业的比较效益，以促进对农业有明确职业取向的农户更稳定地从事家庭农场规模农业生产。

确定家庭农场适度规模的前提是我国人多地少的基本国情决定的土地经营权供给不足。① 我国的基本国情是人多地少，而农业劳动力转移又是一个长期过程，受城镇化进程的制约，土地流转的速度不能快于农业劳动力转移的速度。如果农村土地集中速度过快，普通农户就会失去承包土地的经营权，就会侵犯涉及普通农户或者说小规模农业生产者最基本的生存权，造成具有一定的隐蔽性和潜在性的危害。

当然，我国各地自然社会条件差别很大，很难提出一个在全国范围内普遍适用的具体面积标准。各地应从实际出发，结合具体条件及影响因素确定本地家庭农场的规模标准。

在上述分析基础上，以夫妻经营家庭农场收入与城镇职工收入相当为平衡点，分析家庭农场为达到这一收入水平的资源最优组合，对家

① 参见黎东升、曾令香、查金祥：《我国家庭农场发展的现状与对策》，《福建农业大学学报（社会科学版）》2000 年第 3 期。

庭农场发展具有重要的理论意义和政策意义。

一、样本经营规模的基本情况

玉米和小麦是山东省最主要、最有代表性的粮食作物。因此，样本选择以生产玉米和小麦这两种作物相互倒茬、一年两熟的粮食作物为主的家庭农场。

如表 7 所示，52 户粮食家庭农场（去掉相关信息不完整的家庭农场）的土地经营规模平均为 292.52 亩，经营规模最大的为 1550 亩，最少的只有 27 亩，标准差为 245.09；从劳动力投入上看，农场劳动力投入最多者为 12 人，最少者只有 1 人，平均值为 3.17 人，标准差为 2.28 人；从机械投入上来看，投入最多的为 43.74 万元，最少的为 0.96 万元，平均值为 12.75 万元，标准差为 12.13 万元；52 户家庭农场中，粮食生产收入最高的达到 310.59 万元，最低的为 7.07 万元，平均值约为 73.36 万元，标准差为 58.67 万元。52 户粮食家庭农场在粮食生产收入、劳动力投入、经营规模和机械投入等方面均存在较大的差异。

表 7　粮食家庭农场收入函数模型的描述性统计

变量名称	变量个数	平均值	标准差	最小值	最大值
粮食生产收入（元）	52	733629.9	586730.9	70686	3105900
劳动力（人）	52	3.17	2.28	1	12
经营规模（亩）	52	292.52	245.09	27	1550
机械投入（元）	52	127469	121296	9612	437403

二、粮食家庭农场适度规模的确定

（一）公平收入水平下家庭农场适度规模的粗略估计

从公平视角出发，粮食家庭农场的收入应当与当地城镇居民家庭平均收入水平相当，并以调查期当年城镇职工平均工资水平作为计算城镇居民家庭平均收入水平的依据。2014 年，山东省城镇职工平均工资水平为 5.24 万元，假定粮食家庭农场的自有劳动力投入为夫妻 2 人，则粮食家庭农场的目标收入水平应该达到 10.49 万元，否则，农户就可能放弃经营粮食家庭农场而从事二三产业。

根据 52 户粮食家庭农场的投入产出数据作为样本估算，2014 年山东省粮食家庭农场的平均粮食生产总收入（包括小麦和玉米）为 76.02 万元，平均总投入为 59.26 万元，计算得出平均每户家庭农场粮食生产的纯收入为 16.76 万元。然后，根据所调查样本中，平均每个家庭农场的粮食种植面积为 284 亩，可以得出，2014 年山东省粮食家庭农场的平均每亩纯收入为 584 元。

因此，从公平视角考虑，按照粮食家庭农场的适度规模符合家庭农场的纯收入等于当地城镇居民的家庭收入这一标准，经过测算，2014 年山东省粮食家庭农场的适度规模为 179.66 亩。

需要指出的是，这一规模仅仅是根据现实的调研数据、根据公平收入标准，对山东省粮食家庭农场适度规模的粗略估计。至于这一规模是否已经实现最优效率，或者说是否已实现利润最大化，这里没有考虑。

（二）公平收入条件下家庭农场的最优规模

公平收入条件下家庭农场的最优规模是指达到公平收入水平时成本最低的家庭农场规模，是在收入目标既定的条件下，家庭农场土地、劳动、资本的最优组合，需要采用非线性规划的方法来对适度规模进行求解。

家庭农场粮食生产的投入要素之间是可以相互替代的，实践中，可以用不同的要素投入比例而获得相同的产量或收入。根据微观经济理论，本研究利用回归形成的粮食家庭农场收入函数和成本函数，采取非线性规划的方法，在假定家庭农场获得既定收入的情况下，投入成本最小的粮食家庭农场的最优经营规模，同时，寻求粮食家庭农场资本和劳动投入的最佳生产要素组合点。

模型假定：1）粮食家庭农场的劳动力以夫妻 2 人为主要劳动力投入；2）鉴于前面所提出的家庭农场经营的公平性标准，仍然假定家庭农场的纯收入要与夫妻 2 人当年（2014 年）山东省城镇职工的工资收入水平相当，那么，粮食家庭农场的纯收入应该等于或稍微大于 10.49万元；3）模型中所估计的生产函数中，资本（K）变量为家庭农场投入的物质资本，包括机械投入、基础设施投入和化肥农药等农业生产资料投入，但不包括土地租金。

1. 粮食家庭农场收入函数

假定家庭农场生产函数符合 C—D 生产函数形式，考虑到家庭农场生产的通常是小麦和玉米两种粮食作物，由于这两种作物的亩产量和价格都有所差异，因此本文在采取 C—D 生产函数形式的基础上，将粮食价格作为一常量引入到生产函数中，建立家庭农场的收入函数模型。那么，收入函数可设为：

$$Income = P \times Q = P \times \theta \times L^{\alpha} K^{\beta} A^{\gamma} \qquad ①$$

式 ① 中，$Income$ 表示 2014 年家庭农场的粮食（包括玉米和小麦）销售收入；P 分别代表 2014 年家庭农场销售玉米或小麦的销售价格；L 代表家庭农场劳动力投入人数，包括自有劳动力投入人数和家庭农场长期雇用的劳动力人数；K 代表家庭农场粮食生产的资本投入金额，主要包括机械投入、基础设施投入、农药和化肥等农资投入以及贷款利息等；A 代表粮食种植面积；α、β、γ 分别表示劳动力、物质资本和粮食种植面积的产出弹性系数；θ 为常数项。

由于对数据取对数既可以有效减小或消除异方差，又具有明显的经济意义，因此，本文采用 C—D 生产函数的自然对数形式。对式 ① 两边取自然对数，可以得到：

$$\ln Income = \ln (P \times \theta) + \alpha \ln L + \beta \ln K + \gamma \ln A + \varepsilon \qquad ②$$

式 ② 中，ε 为随机误差项。

利用最小二乘法对式 ② 做回归可得家庭农场收入函数模型的估计结果，如表 8 所示。

表 8　粮食家庭农场收入函数模型的估计结果

ln $Income$	系数	标准误	t 值	P 值
ln$L$	0.04	0.05	0.86	0.39
ln$K$	0.16	0.05	3.48	0
ln$A$	0.85	0.07	12.54	0
常数项	6.68	0.31	21.81	0

根据模型估计结果可以看出，模型拟合系数 $R^2 = 0.95$，说明模型拟合优度较好。$F = 318.34$，显示模型总体通过显著性检验。

　　模型估计结果显示，劳动力的产出弹性系数比较小，只有 0.04，而且劳动力投入对家庭农场粮食产出的影响并不显著。这可能说明，与普通农户的粮食生产相比，粮食家庭农场拥有更高的农业机械化水平和物质投入能力，降低了劳动力对粮食生产的作用。

　　物质资本投入和粮食种植面积对家庭农场粮食产出的影响都较为显著。其中，粮食种植面积对家庭农场粮食产出的影响最大，种植面积每增加 1 个百分点，家庭农场粮食销售收入增加 0.71 个百分点；物质资本投入每增加 1 个百分点，家庭农场粮食销售收入增加 0.34 个百分点。这样，可以构造出山东省粮食家庭农场的收入函数模型，如式 ③ 所示：

$$\ln Income = 6.68 + 0.04 \ln L + 0.16 \ln K + 0.85 \ln A \qquad ③$$

将式 ③ 进行改造。可以得到家庭农场收入函数模型的 C—D 生产函数形式，如式 ④ 所示：

$$I = 796.32 L^{0.04} K^{0.16} A^{0.85} \qquad ④$$

　　经济学中的规模报酬是指生产要素按相同的比例变动所引起的产出变动。由于在本研究中，劳动力、资本和土地投入的产出弹性系数之和 $\alpha + \beta + \gamma = 1.05$，略大于 1，因此可以基本认定，在一定程度上，粮食家庭农场存在生产规模报酬递增的态势，但这一态势并不明显。

　　2. 粮食家庭农场的成本函数

　　设 P_L 为粮食家庭农场长期雇工的价格，P_A 为家庭农场租入土地的价格，P_K 为家庭农场物质资本投入的价格。那么，家庭农场的总成本函数可以由式 ⑤ 表示：

$$C = P_L \times L + P_K \times K + P_A \times A \qquad ⑤$$

　　根据粮食家庭农场调研数据可知，P_L 可以用家庭农场长期雇工的平均成本来表示，为 2.73 万元；P_A 可以用租入土地的平均价格来表示，为 647.97 元。

同时，选择 $P_K = 1.03$，其中 3% 为 2014 年存款的利息率。

将上述数据代入式 ⑤，可得粮食家庭农场的成本函数，如式 ⑥ 所示：

$$C = 27345.76L + 1.03K + 647.97A \qquad ⑥$$

3. 利用非线性规划方法的适度规模确定

根据上述建立的粮食家庭农场收入函数 ④ 和成本函数 ⑥，构建收入约束条件下，粮食家庭农场成本函数最小化的非线性规划模型为：

Min $C = 27345.76 (L - 2) + 1.03K + 647.97A$

s.t. $15.59 L^{0.04} K^{0.34} A^{0.71} - 27345.76 (L - 2) - 1.03K - 647.97 A \geqslant$ 104920；

$L = 2$；

$K > 0$，$A > 0$；

利用 Lingo 软件对模型进行求解，得到的结果如下：

当 $L = 2$ 时，即劳动投入人数为 2 时，要使家庭农场纯收入达到 10.49 万元，且能够满足家庭农场投入成本最小的约束条件下，求得 $K = 6.38$ 万元，$A = 200.81$ 亩。也就是说，在粮食家庭农场劳动投入仅为夫妻 2 人时，要获得成本最小化下的公平收入水平，家庭农场的最优规模 200.81 亩，此时最优物质资本投入为 6.38 万元。

4. 资本和劳动的边际替代

从一般意义或者说工业领域的资源配置理论来推论，家庭农场的土地、资本和劳动诸生产要素之间是可以相互替代的，可以运用边际技术替代率的概念，进一步分析物质资本投入和劳动力投入之间的替代关系，即分析在维持原有产量（或收入）不变的情况下，增加一单位某种要素投入而减少另一种要素的投入量。若用 $MRTS_{LK}$ 表示用劳动力 L 代替物质资本 K 的边际技术替代率，然后，分别计算 $\partial I/\partial L$ 和 $\partial I/\partial K$，并将之代入边际技术替代率定义式方程式 ⑦：

$$MRTS_{LK} = -dK\,/\,dL = \frac{\partial I\,/\,\partial L}{\partial I\,/\,\partial K} \tag{⑦}$$

可以得到，粮食家庭农场生产中，劳动力对物质资本的边际技术替代率。如式 ⑧ 所示：

$$MRTS_{LK} = 0.25\,K/L \tag{⑧}$$

事实上，由于以下原因，在家庭农场生产过程中，分析资本和劳动的边际替代率实际意义并不大：（1）从政策上对家庭农场的劳动力数量有明确规定，而且这一规定符合家庭农场的本质特征：雇工人数不能超过家庭劳动力数量。在家庭劳动力通常按照 2 人计量的情况下，雇工人数只能是 1 人或者 2 人，而且由于生产的季节性，也不需要有较多的长年雇工，再加上同一地域农忙时间相同，临时雇工较为困难，跨地域雇工有诸多不便。这一点与工业领域的资源配置分析完全不同。（2）由于劳动力是以人为单位进行变动（临时用工可以以天为单位，但属于细节问题，是次要因素）且变动范围只有 1—2，每变动 1 个单位都可能超出资本和劳动相互替代的合理区间。从理论上看，计量劳动以小时为单位而不是以人为单位有可能解决这一问题，但即使解决了，在农业生产的资源配置实践中也难以操作。

（三）效率最高的家庭农场适度规模

本文运用 DEA 法求解粮食家庭农场的规模效率，其中，投入变量包括劳动投入金额、土地租金、机械投入、基础设施投入、农资投入和利息，产出变量为粮食种植收入。

为了准确得出粮食家庭农场规模效率和种植规模的关系，采用非参数的核密度函数回归方法，其一般形式如下：

$$\hat{f}(x_0) = \frac{1}{nh}\sum_{i=1}^{n} K\left[(x_i - x_0)/h\right] \qquad \text{⑨}$$

其中，函数 $K(\cdot)$ 称为核函数，带宽 h 越大，在 x_0 附近邻域越大，则估计的核密度函数 $\hat{f}(x)$ 越光滑。本文选取核函数形式为伊番科尼可夫核（$K=3$），在 155 个网格点进行估计，并默认带宽为最优带宽。

模型结果如图 9 所示。其中，横坐标为粮食家庭农场的种植规模，纵坐标为规模效率值。

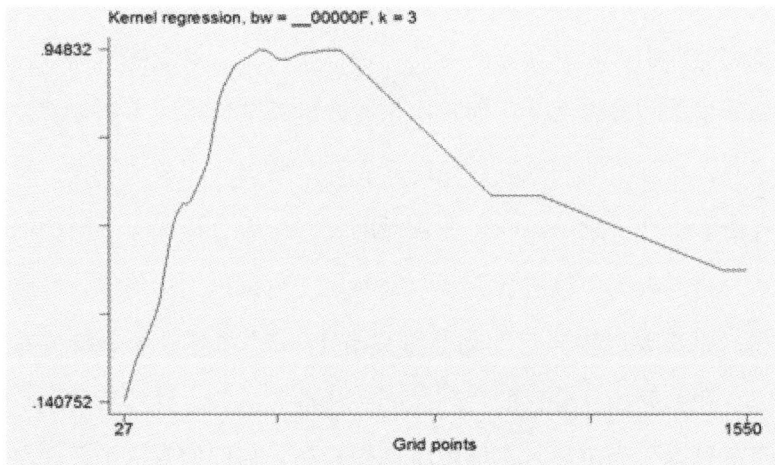

图 9　粮食家庭农场的规模效率

对模型结果进行分析，可以发现，随着粮食家庭农场经营规模的扩大，一开始，效率会得到较快的提高，当经营规模达到 350—600 亩之间，效率最高；之后，若继续扩大规模，规模效率开始下降。因此，可以得出，单纯从效率角度考虑，山东省粮食家庭农场的适度经营规模应该维持在 350—600 亩之间。

目前山东省粮食家庭农场的平均规模效率为 0.683。根据规模效率大小在 0—1 之间，粮食家庭农场的规模效率总体上达到较高水平，但还存在较大的改进空间。

三、粮食家庭农场适度规模的分析

粮食家庭农场的性质和政策决定了其雇用劳动力不会有大的变化，只能在 0—2 之间变化，其适度规模主要是指土地规模。由于其劳动力的劳动时间安排比工业生产有一定的弹性，并不能像工业领域那样精确到日甚至小时，其适度规模的土地数量亦不需要十分精确，不需要达到工业领域资源配置的精确水平。利用每亩纯收入粗略估算的 179.7 亩、利用非线性模型计算的 200.8 亩都有政策意义，在较高机械化水平条件下，21.1 之差没有实践意义。这都可以作为政策依据。利用规模效率最大化估算的 350—600 亩是现有生产力水平下家庭农场效率最大时的土地规模，高出公平收入水平下土地规模 1—2 倍，其收入水平也达到 20.44 万—35.04 万元，同样高出公平收入水平 1—2 倍。如果将这一规模作为家庭农场政策意义上的适度规模，从微观层面看，不但提高了经营家庭农场的收入，而且实现了家庭农场的资源最优配置。但在宏观层面上，由于土地经营权供给不足导致家庭农场的数量将减少一半以上，使一部分有意愿的农户失去经营家庭农场的机会。

必须指出，这一适度规模仅就从事粮食生产的家庭农场而言。从事其他种植业、种植业以外的家庭农场等的适度规模需要另外分析。

还需要指出，由于不同地区的地形、资源禀赋、劳动力价格等条件存在一定的差异，在不同地区这一适度规模的标准也必然会存在差异。

同时，我们要认识到，所谓适度规模是一个动态的概念，它随着经济发展水平、劳动力工资水平的变化、政府的补贴额度等因素的变化而发生改变。为此，粮食生产家庭的适度规模需要随着时间的推移和条件的变化进行调整，以便能适应社会经济发展的需要。

第四章 粮食家庭农场与普通农户
生产效率比较

当前，在我国经营耕地规模 10 亩以下的农户数超过了 2.29 亿户，加之农业兼职化和休闲化现象的存在，农户小规模分散经营仍是农业生产的主要形式，而且可能在相当长时期内还难以根本改变。[①] 因此，比较分析粮食家庭农场与其周边从事粮食生产普通农户的生产效率，对制定粮食家庭农场发展政策具有重要的参考意义。

一、粮食家庭农场与普通农户效率的比较

（一）年纯收入比较

通过对选取的粮食家庭农场、周边普通农户调研数据进行整理分析，其基本数据如下：53 户家庭农场总面积为 15370.5 亩，平均每个

---

① 参见赵维清、边志瑾：《浙江省家庭农场经营模式与社会化服务机制创新分析》，《农业经济》2012 年第 7 期。

农场为 290 亩，共付年租金 1139.19 万元，平均每亩年租金 741.15 元；133 个周边普通农户总面积是 1675.72 亩，平均每个农户为 12.60 亩。

粮食家庭农场与普通农户每亩年纯收入计算情况如表 9 所示。可见，周边普通农户的每亩年纯收入为 1115.22 元。而对粮食家庭农场而言，如果土地租金计为生产成本，则每亩年纯收入为 588.48 元，比周边普通农户少 526.74 元；如果从考察生产效率的角度将土地租金作为经济产出，则每亩年纯收入为 1329.63 元，比周边普通农户多 214.41 元。

表 9　家庭农场与普通农户每亩年纯收入对比

类别	家庭农场 （租金计成本）	家庭农场 （租金计产出）	周边普通农户
每亩年纯收入（元）	588.48	1329.63	1115.22

（二）每亩粮食产量比较

通过调研发现，粮食家庭农场小麦、玉米的亩产分别为 972.53 斤和 1154.53 斤，而普通农户的小麦、玉米的亩产分别为 985.83 斤和 1111.92 斤，具体如表 10 所示。可见，对于小麦生产而言，粮食家庭农场和周边普通农户的亩产相差不大，农场低于农户 13.30 斤；而对于玉米生产而言，农场的亩产则高出农户 42.61 斤。

表 10　小麦和玉米每亩产量对比

类别	小麦（斤）	玉米（斤）
周边普通农户	985.83	1111.92
粮食家庭农场	972.53	1154.53

（三）销售价格比较

粮食家庭农场小麦每斤价格为 1.23 元（见表 11），高出周边普通农户 0.08 元。这是因为农场在粮食销售方面具有信息、渠道和数量优势，具有较大的话语权。家庭农场玉米销售价格与周边普通农户持平，这主要是由于山东省畜牧业发达，饲料企业多且分布广，玉米主要作为原料销售给饲料企业，销售渠道简单导致价格基本一致。

表 11 小麦和玉米销售价格对比

类别	小麦（元／斤）	玉米（元／斤）
周边普通农户	1.15	1.07
粮食家庭农场	1.23	1.07

通过上述分析可知，从小麦和玉米的收入来看，粮食家庭农场比周边普通农户每亩多收入 108.11 元。而从经济效益来看，粮食家庭农场（土地租金计入产出时）比周边普通农户每亩多收入 214.41 元。也就是说，从生产成本上来看，农场每亩的生产成本比农户低 106.30 元。

通过调研发现，从单产上来看，经营规模在 306—500 亩间的粮食家庭农场的单产相对较高，而经营面积超过 1000 亩的则明显下降。[1] 而从经济效益上来看，经营规模在 306—1000 亩间的粮食家庭农场每亩的经济效益相对较高。经营规模在 270—300 亩之间的粮食家庭农场每亩的经济效益则无规律可言。

据上述分析，本文得出如下结论：

---

[1] 参见 Cornia，Farm size，"Land Yields and the Agricultural Production Function：Analysis for Fifteen Developing Countries"，*World Development*，1985，Vol.13。

　　一是粮食家庭农场的生产效率高于周边普通农户。在农业社会化服务发达的情况下，粮食家庭农场由于具有规模经营的优势，不仅可以购买价格优惠的社会化服务，而且还可以在自备机械和购买社会化服务之间做出更有效率的选择，反而具有比普通农户更高的效率。但是需要指出的是，这一结论仅适用于从事粮食家庭农场和从事粮食生产且购买社会化服务的普通农户。

　　二是在经营规模小于1000亩的情况下，粮食家庭农场的每亩粮食产量与经营规模的关系不大。从山东省现阶段的情况来看，306—1000亩间的粮食家庭农场的管理水平和管理效率较高。

二、基于 DEA 方法的比较分析

　　粮食家庭农场与周边普通农户均为多投入、多产出的生产决策单元，因此，其生产效率差异产生的原因不是单一的。在对各决策单元进行效率评价时，需要将投入、产出两个方面的多个要素引入评价体系。数据包络分析（DEA）方法适合对多投入、多产出的决策单元进行生产效率评价，其本质是评价决策单元是否位于生产可能集的"生产前沿面"上（魏权龄，2012）。当前，该方法已成为决策分析和评价技术领域中重要的工具和手段。不少学者如沈欣媛（2014）、祝梦等（2013）、苏时鹏等（2011）、贾小峰等（2009）、孙世敏等（2007）、芦英健（2007）、张凌（2005）等运用 DEA 方法对决策单元进行了评价。本文通过数据包络分析法对粮食家庭农场与周边普通农户的生产效率进行比较。

（一）指标体系的构建

国内外对农业生产效率指标的研究较多。农业生产效率的内涵为农业投入与产出的比值，即农业资源消耗与经济产出的比值。因此，在指标选取时应考虑农业投入类与产出类两方面的指标。

本文结合粮食家庭农场与周边农户生产经营的特点，以研究的目的性、代表性、可操作性、科学性为原则，并结合统计数据的完整性、可得性和可参考性，从农业投入和产出两个方面构建指标体系。

一是投入指标。农业生产中的投入指标主要包括土地、能源、物资、劳动力等，本文根据粮食家庭农场与周边农户生产效率的概念与数据的可得性，选择的投入指标为土地租金投入、劳动力投入、社会化服务投入、农资产品投入、农业保险投入、自有机械投入。其中，土地租金投入指农业生产过程中用于粮食生产的土地年租金，若仅种植一季玉米或小麦，则租金为相应土地租金的一半。劳动力投入指农业生产过程中的短期雇工和长期雇工所支付的工资合计，并将家庭成员的劳动按当地劳动力价格并入工资合计。社会化服务投入指玉米、小麦的耕地、播种、收割环节所需费用，包括产前、产中、产后三个环节。农资产品投入指种子、化肥、农家肥、农药、除草剂、农膜、微量元素植物生长调节剂的支出合计。农业保险投入包括玉米、小麦的保险和农机车辆和机械保险。自有机械投入包括购买农用机械投入（根据机械使用年限，将购买机械支出平均分配到每一年）、农用机械年维修费用、农用机械年油料费用（若有农用机械用于非农业使用，则按比例进行扣除）。

二是产出指标。农业生产的产出指标要求能够反映粮食家庭农场与周边农户的收入水平，此处的收入仅为农业类收入或由农业生产而产

生的转移性收入。基于粮食家庭农场与周边农户的特点，本文选择销售
收入作为产出指标。其中，销售收入包括种粮补贴和各级政府给予的补
贴和奖励，若奖励以实物形式发放，则按市场价格进行折算。玉米、小
麦的销售收入指玉米、小麦销售的所有收入，包括销售秸秆的收入；对
于没有出售的粮食，则按照当地当年粮食价格的平均值进行折算。

综上所述，选取土地租金投入、劳动力投入、社会化服务投入、
农资产品投入、农业保险投入、自有机械投入作为投入指标，各类补贴
及玉米、小麦的销售收入作为产出指标，如表 12 所示。

表 12　指标体系

类别	项目
投入指标	土地租金投入
	劳动力投入
	社会化服务投入
	农资产品投入
	农业保险投入
	自有机械投入
产出指标	各类补贴及玉米、小麦的销售收入

（二）粮食家庭农场与周边普通农户生产效率比较分析

利用 MaxDEA Basic 6 软件构建的模型，得到 53 个粮食家庭农场
和 133 个周边普通农户粮食生产的综合效率、技术效率、规模效率，效
率值计算结果如附录 1 所示。三者的关系为综合效率＝技术效率 × 规
模效率。由三者的关系可知，当综合效率 DEA 有效时，则技术效率
DEA 有效，且规模效率 DEA 有效。当综合效率非 DEA 有效时，则可

能有三种情况：一是技术效率 DEA 有效，规模效率非 DEA 有效；二是技术效率非 DEA 有效，规模效率 DEA 有效；三是技术效率非 DEA 有效，且规模效率非 DEA 有效。

1. 综合效率分析

借助 MaxDEA Basic 6 软件，将 53 个粮食家庭农场和 133 个周边普通农户的投入、产出数据代入模型中，在规模报酬不变的假设下，从投入角度出发计算出各家庭农场和普通农户的综合效率评价值，具体如图 10、图 11 所示。具体结果见附录 2。

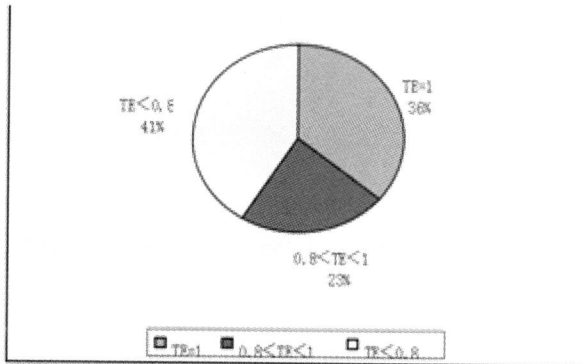

图 10　粮食家庭农场综合效率分布

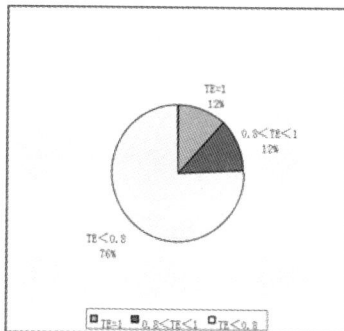

图 11　粮食生产农户综合效率分布

通过对附录 2 整理，粮食家庭农场和普通农户的综合效率情况如表 13 所示。粮食家庭农场综合效率的平均值为 0.815，高于普通农户的综合效率平均值 0.625；粮食家庭农场综合效率 DEA 有效的户数所占比例为 36%，高于普通农户综合效率 DEA 有效的户数所占比例 12%；在综合效率为 0.8—1 的区间内，粮食家庭农场的比重为 23%，高于普通农户的 12%。

表 13　综合效率及规模报酬分布

	粮食家庭农场		普通农户	
	个数	占比（%）	个数	占比（%）
TE＝1	19	36	16	12
0.8＜TE＜1	12	23	16	12
TE＜0.8	22	41	101	76
平均值	0.815	—	0.625	—
规模报酬不变	21	40	16	12
规模报酬增加	16	30	19	14
规模报酬减小	16	30	98	74

由粮食家庭农场的综合效率平均值高于普通农户的综合效率平均值可知，从整体上看，粮食家庭农场比普通农户在投入、产出方面更具有优势，综合效率较高。粮食家庭农场的综合效率平均值为 0.815，大于 0.80，说明粮食家庭农场的综合效率处于良好状态，而普通农户的综合效率平均值仅为 0.625，说明普通农户的投入、产出状况较差，或者是技术效率，或者是规模效率，或者是技术效率和规模效率同时处于较低水平。

从综合效率为 1，即 DEA 有效的角度来看，53 户粮食家庭农场中有 19 户综合效率为 1（DEA 有效），占粮食家庭农场样本比例的 36%；133 户普通农户中有 16 户综合效率为 1（DAE 有效），占普通农户样本比例的 12%。综合效率为 1（DEA 有效）说明这 19 户粮食家庭农场和 16 户普通农户的技术效率和规模效率已经达到最优状态，投入、产出达到相对最优状态。粮食家庭农场综合效率的 DEA 有效率是其周边普通农户的 3 倍，说明粮食家庭农场在技术或规模上比普通农户有优势。

对于综合效率值在 0.8—1 之间的粮食家庭农场和普通农户，粮食家庭农场的综合效率在此区间的为 12 户，占粮食家庭农场样本数的 23%；而普通农户的综合效率在此区间的有 16 户，占普通农户样本数的 12%。粮食家庭农场在此区间的样本比例是普通农户的近 2 倍。这些家庭农场和普通农户投入产出基本是有效的，通过增大技术投入或扩大规模，可以提高其综合效率，使投入产出比接近或达到生产前沿面，提升空间较大。而粮食家庭农场和普通农户在此区间的样本比例数的差距较大，说明从整体上看，粮食家庭农场比普通农户具有更大的上升空间，只要通过调整技术或规模的投入，就更容易达到生产前沿面，实现 DEA 有效。家庭农场在规模和技术上比普通农户具有优势有两方面原因，一是粮食家庭农场规模大，更容易实现规模经济，获取规模报酬，在投入支出上比普通农户更有定价权；二是家庭农场作为大的生产单元比普通农户更容易获取和使用新的技术。

对于综合效率值在 0.8 以下的粮食家庭农场和普通农户，粮食家庭农场的综合效率在此区间的为 22 户，占粮食家庭农场样本数的 41%；而普通农户的综合效率在此区间的有 101 户，占普通农户样本数的 76%。综合效率低于 0.8，说明此农业生产单元的粮食生产效率较低。

综合效率低的主要原因是规模与农业发展水平不适应，且农业技术更新缓慢，推广程度较低。综合效率较低的粮食家庭农场的比重比普通农户高出 35 个百分点，说明在实际的粮食生产过程中，普通农户利用科技进步成果和各种资源的有效配置率都低于粮食家庭农场，不利于粮食生产效率的提高。

2. 技术效率分析

根据 DEA 的分解原理，我们把综合效率分解为纯技术效率和规模效率，三者的关系为综合效率＝技术效率 × 规模效率。技术效率就是根据 DEA 定理，在 C^2R 模型中加入 $\sum \lambda j = 1$ 的限制条件后得到模型，将数据代入 DEA 模型即可得出技术效率，具体数据见附录 1。

技术效率是指每个决策单元能有效利用生产技术，使产出最大化，该值表示投入要素在使用上的效率。若技术效率值为 1，即表示该决策单元的投入产出比是落在生产前沿面上的，说明农业技术在此决策单元得到了有效的推广，科技创新的活跃程度较高。53 户粮食家庭农场的技术效率平均值为 0.863，133 户普通农户的技术效率平均值为 0.778，粮食家庭农场的技术效率平均值高于普通农户，说明粮食家庭农场的农业技术推广和创新水平比普通农户高，有效利用生产技术的能力更强。从调研问卷中发现，粮食家庭农场的经营者大都是专业经营者，以粮食生产为主业，精力主要投入在粮食生产上。而与之做对比的周边普通农户则大都是半工半农的兼业农民，或以老年人和妇女为主的非青壮年劳动力。粮食家庭农场与周边普通农户的经营主体的差别是导致两个类型的决策单元在农业技术推广和应用中产生差别的重要原因。

表 14　技术效率和综合效率数量统计

	技术效率和综合效率均有效	技术效率有效、综合效率无效	技术效率有效、综合效率无效比例
粮食家庭农场	28	9	32%
普通农户	46	30	65%

　　在附录 1 技术效率 DEA 有效的决策单元中，有部分决策单元的综合效率不为 1，即非 DEA 有效，说明在这些决策单元中，科技投入支出的配比是落在生产前沿面上的，而造成决策单元无效的原因是规模效率较低。通过表 14 可知，在技术效率 DEA 有效且综合效率非 DEA 有效的决策单元占技术效率 DEA 有效决策单元比例，粮食家庭农场为 32%、普通农户为 65%，普通农户的比重较高。这说明规模效率非 DEA 有效是导致普通农户综合效率非 DEA 有效的重要原因。

表 15　技术效率样本数统计

	PTE＜0.8 个数	占各自样本总数的比例
粮食家庭农场	17	32.08%
普通农户	63	47.37%

　　在未达到技术效率为 1 的决策单元中，技术效率值在 0.8—1 之间的属于边缘非效率决策单元，通过对投入产出的部分调整就可以实现这些决策单元的技术效率 DEA 有效，使技术效率落在生产前沿面上。技术效率值低于 0.8 的决策单元则属于明显非效率决策单元，希望通过对这些决策单元的投入产出的调整以达到有效生产前沿面，难度较大。

　　通过表 15 可知，技术效率小于 0.8 的决策单元中，粮食家庭农场有 17 户，占粮食家庭农场样本比重的 32.08%；普通农户有 63 户，占普通农户比重的 47.37%。因此，通过对决策单元的投入产出的调整以实现技术效率 DEA 有效，普通农户比粮食家庭农场的难度大。这说明农户传统的生产经营方式已经阻碍了技术投入、技术创新对于粮食生产的促进作用，不利于技术的推广。

3. 规模效率分析

规模效率是综合效率与技术效率的比值，已知综合效率和技术效率，就可以根据三者之间的关系计算出规模效率，具体见表 14。规模效率值越接近 1，选取的决策单元就越接近最适规模；规模效率越小，则表示在一定的技术水平上，此决策单元投入产出不在生产前沿面上，不是最佳规模。

由表 14 数据可知，186 个决策单元的平均规模效率为 0.851，其中，53 户粮食家庭农场的规模效率平均值为 0.942，133 户普通农户的规模效率平均值为 0.815。粮食家庭农场的规模效率平均值高于普通农户，说明粮食家庭农场的规模效率更高。

在 53 户粮食家庭农场中，有 28 个技术效率 DEA 有效决策单元，其中综合效率非 DEA 有效的决策单元为 9 个，技术效率产生的效益被低水平的规模效率抵消，造成了综合效率的非 DEA 有效。在 133 户普通农户中，则有 30 个决策单元由于规模效率的低下，抵消技术效率的 DEA 有效而导致综合效率的非 DEA 有效。这说明普通农户的小规模生产更容易导致生产效率的低下。

4. 规模报酬分析

通过 MaxDEA Basic 6 软件可得出决策单元所处的规模报酬状态。规模报酬不变的决策单元已经达到最大产出规模点，实现了资源的最优配置，可沿其既定的投入产出继续发展。规模报酬递增说明其尚未达到最大的规模报酬，若继续追加投入，可以进一步扩大产出，提高资源配置的效率。规模报酬递减的决策单元的投入产出比是非 DEA 有效的，继续扩大投入规模不但不会增加其产出比例，反而会降低其产出比例，造成资源的浪费。对于规模报酬递减的决策单元，应采用新的农业生产技术，改进管理方式以提高其生产效率。

由附录 1 可知，在 186 个决策单元中，各个决策单元的规模报酬情况，具体如表 16 所示。由于普通农户的生产规模较小，在雇佣劳动力、购买农资产品与农业社会化服务以及粮食销售环节缺少定价权，且管理方式落后，掌握和使用先进技术的能力较差，故而其追加投入量更难带来产出的同比例增加。

表 16　规模报酬情况统计

	粮食家庭农场		普通农户	
	个数	占比（%）	个数	占比（%）
规模报酬不变	19	35.85	16	12.03
规模报酬递增	16	30.19	19	14.29
规模报酬递减	18	33.96	98	73.68

利用 MaxDEA Basic 6 软件可以对非 DEA 有效决策单元进行投影分析，得出非 DEA 有效决策单元的松弛变量。投影分析的基本实现方法是：DEA 有效的决策单元处于生产前沿面上方，而非 DEA 有效决策单元处于生产前沿面下方。所以将一个非 DEA 有效的决策单元"投影"到生产前沿面上方，可以计算出它与生产前沿面的距离，进而找出非 DEA 有效决策单元调为 DEA 有效决策的方法。调整公式如下：

$X_0 = \theta X_0 - S^-$，$Y_0 = Y_0 + S^+$

根据上述公式，可得非 DEA 有效决策单元出现冗余的结果，如附录 2 所示。可见，粮食家庭农场与周边普通农户在土地租金投入、劳动力投入、社会化服务投入、农资产品投入、农业保险投入、自有机械投入方面出现冗余的情况，其具体数量及占比如表 17 所示。

表 17   投入要素冗余情况统计

	粮食家庭农场		普通农户	
	个数	占比（%）	个数	占比（%）
土地租金投入	10	18.87	8	6.02
劳动力投入	0	0	32	24.06
社会化服务投入	9	16.98	17	12.78
农资产品投入	14	26.42	69	51.88
农业保险投入	10	18.87	46	34.59
自有机械投入	19	35.85	65	48.87

粮食家庭农场的土地租金投入冗余率高于普通农户，原因是粮食家庭农场所使用的土地几乎全部为租用土地，需要支付租金；而普通农户所使用的土地基本为自有土地，无须支付租金。

粮食家庭农场劳动力投入冗余率低于普通农户，原因是粮食家庭农场所使用的劳动力为雇用劳动力，需要支付报酬，故粮食家庭农场在使用劳动力时，会尽最大可能提高劳动力的使用效率，降低劳动力使用成本。但普通农户在农业生产中，除在农忙时节雇用劳动力外，还投入了自身作为劳动者的劳动成本，虽然这些普通农户未将其计入投入之中，但在实际效果上已经增加了劳动力投入，提高了劳动力投入成本。另外一个可能的原因是粮食家庭农场所雇用的劳动力由短期雇工和长期雇工两部分组成，普通农户则没有长期雇工。除去长期雇工会降低劳动力成本的因素以外，在支付短期雇工的方面，粮食家庭农场由于规模较大，更容易取得劳动力价格的定价权，比普通农户雇用短工更有价格优势。

粮食家庭农场的社会化服务投入冗余率与普通农户相当，说明本次调研的地区农业社会化服务发展较为完善，逐步消除了农业社会化服务的价格差异。

粮食家庭农场的农资产品投入冗余率远低于普通农户，这说明粮食家庭农场在购买农资产品时更加具有价格优势，规模优势显现。

粮食家庭农场的农业保险投入冗余率远低于普通农户，这说明粮食家庭农场在农业保险投入方面更有优势，效率更高。[1]

粮食家庭农场的自有机械投入冗余率低于普通农户，说明粮食家庭农场在自有机械投入方面更有效率，在粮食生产过程中对自有机械的使用效率更高。在粮食生产过程中，粮食家庭农场由于规模大，需要的机械投入多，其自有机械基本全部服务于其粮食生产；但普通农户由于规模小，自有机械投入真正用于粮食生产的仅仅为其中一部分，还有一部分用于普通农户的日常生活，但这部分投入往往被普通农户计算进自有机械总投入。

通过运用 DEA 方法对山东省粮食家庭农场与周边普通农户生产效率的比较分析，主要得出山东省粮食家庭农场的生产效率高于周边普通农户的结论。粮食家庭农场在生产效率方面的优势主要体现在技术效率和规模效率两个方面，说明家庭农场在进行较大规模的粮食生产过程中，运用更为有效的技术手段，使资源得到较为充分的利用。

---

[1]　参见岳正华、杨建利：《我国发展家庭农场的现状和问题及政策建议》，《农业现代化研究》2013 年第 4 期。

第五章 粮食家庭农场社会化服务

粮食家庭农场发展的过程中离不开社会化服务的支持，家庭农场这种新型经营模式实现了分散经营向集约经营的转变，其生产过程更多地依赖相关产业部门提供的服务活动，通过产业间的分工协作和资源整合实现经营科学高效，对农业社会化服务的需求呈现多元化、专业化的态势。但现有社会化服务组织往往集中在产前、产中服务领域，产后服务以及综合服务的发展严重滞后。因此专家们认为有必要以家庭农场实际需求为导向，改善农业社会化服务的供给状况。

本章根据调研资料，具体分析山东省粮食家庭农场的社会化服务情况，第一部分首先从理论上分析粮食家庭农场发展与社会化服务的关系；第二部分利用具体的调研数据分析粮食家庭农场生产环节使用社会化服务的情况，并结合访谈性问卷分析山东省粮食家庭农场的社会化服务提供主体、社会化服务种类、社会化服务质量以及社会化服务需求的状况；第三部分分析粮食家庭农场在使用社会化服务与机械化自营之间的选择；第四部分将同地区经营粮食生产的普通农户使用社会化服务的情况与粮食家庭农场作对比，分析二者使用社会化服务的差异。

一、粮食家庭农场发展与社会化服务的关系

当前农业社会化服务体系是建立在家庭联产承包责任制的基础上，由组织和个人形成的网络结构，分布于农业产前、产中、产后服务的各个环节，完善的社会服务体系可以提供包括资金、技术、农业信息在内的各种服务。[①] 家庭农场能够在适应农业生产力发展水平的基础上，实现专业化生产和社会化合作的协调发展，能够吸纳大量农业劳动力，满足农村剩余劳动力的转移需求。[②] 家庭农场与社会化服务存在着极其密切的关系。

首先，粮食家庭农场在发展的过程中离不开社会化服务体系的服务。粮食生产过程中需要完善的社会化服务体系提供服务，凭借粮食家庭农场自身的力量，可能无法完成整个粮食生产过程的所有工作。如果没有一定的农业社会化服务的帮助，一定规模的粮食家庭农场从育种直到烘干的过程，农场主不可能独立完成。具体来说，从产前来看，农场主需要了解经营农场的一系列政策信息，包括土地流转的信息、补贴政策信息、种植品种市场信息等，单靠粮食家庭农场自身的力量无法全部获知这些信息，需要依赖于社会化服务体系来提供；而且与经营农场相配套的一些基础设施依赖于社会化服务体系来提供；此外，粮食家庭农

① 参见杨祖恒：《对新型农业社会化服务体系建设的思考》，《经济发展方式转变与自主创新——第十二届中国科学技术协会年会（第四卷）》，2010 年。
② 参见孙小明：《浅谈适应家庭农场发展的农机社会化服务创新措施》，《农业机械》2014年第 19 期。

场的经营规模普遍较大，经营过程中需要大量固定资本和流动资本，依靠粮食家庭农场自身的财力可能无法实现大规模的投资，因此粮食家庭农场在产前具有大量的融资需求。[①] 从产中来看，粮食家庭农场的粮食种植过程涉及包括"耕地—播种—打药—灌溉—收割—晾晒"等在内的一系列工序，这些工序需要大量的机械和人工的投入，依赖粮食家庭农场自有的机械和人工并不一定能够完全满足生产的需要，此外，种植过程中关于如何种植、如何防虫害等方面的种植技术指导也需要社会化服务，因此产中环节粮食家庭农场同样需要各种各样的社会化服务。从产后环节来看，粮食存放和粮食销售是家庭农场比较关心的问题，粮食收获之后在售卖之前需要严格的存放场所才能保证粮食的质量，因此粮食的及时销售与粮食家庭农场的利益息息相关；再者粮食售卖价格的轻微波动对家庭农场的影响就很大，因此粮食市场信息服务、粮食收购服务等粮食销售方面的服务是粮食家庭农场迫切需要的社会化服务。

其次，粮食家庭农场也担当着为社会化服务体系提供主体的角色。2013 年、2014 年"中央一号文件"强调，不但要培育新型农业生产经营组织，而且要构建公益性服务与经营性服务相结合、专项服务与综合服务相协调的新型农业服务体系。也就是说，农业经营将由多元化的生产主体和服务主体共同参与，并以专业化、集约化、组织化、社会化相结合的方式来推进。粮食家庭农场是一种新型农业经营主体，一方面，粮食家庭农场作为粮食生产主体的角色能够实现专业化与节约化；另一方面，粮食家庭农场利用自有机械、农场主自身技能等可以实现农业经

---

① 参见张建武：《家庭农场发展初探》，《山东省农业管理干部学院学报》2013 年第 5 期。

营的组织化与社会化。简言之，粮食家庭农场在自身种植粮食的同时，可以利用农场主的种粮知识与技能和自有机械来为周边普通农户或其他粮食家庭农场提供社会化服务。

当今社会提倡全能型服务，因此我们应该注重农业社会化服务体系的创立和完善，注重改善社会化服务体系的服务质量，提高农业组织服务的效能，以制度性的社会服务体系满足粮食家庭农场全面的农业服务需求，让农村的合作社等服务主体更好地发挥为农服务的意识，持续完善粮食家庭农场所需的社会化服务体系。① 另外，构建方便快捷的信息发布平台，如完善网络体系等，多层次、多方面快速有效地提供最新的农业市场信息；鼓励家庭农场发展品牌战略，以用来扩大影响，创建自主商标以加强农场的影响力，扩大发展规模；支持粮食家庭农场积极利用网络这个高效的信息发布平台，促进粮食生产和销售，让强大的网络系统为自己服务。让服务代替管理是顺应时代需求的必然之路，能够更好地发挥各方机构的作用，建立农场服务组织体系，确立责任分工，让粮食家庭农场的人员进入农场协会，充分利用协会能够提供丰富信息的优点，提升粮食家庭农场的知名度，增加效益。

下文通过对山东省 53 个粮食家庭农场社会化服务的情况及与周边地区 133 个普通农户的社会化服务情况进行分析，更深入地探析粮食家庭农场发展与社会化服务的关系。

---

① 参见万江红、管册：《无雇佣化的商品化：家庭农场的发展机制分析——基于皖南平镇粮食家庭农场的调研》，《中国农业大学学报（社会科学版）》2015 年第 4 期。

二、粮食家庭农场使用社会化服务的情况

粮食家庭农场天生具有充分利用社会化服务的能力，而且本身还能够积极参与社会化服务体系，那么现实中，粮食家庭农场利用社会化服务的情况如何，以及为其服务的社会化服务体系本身的发展情况，均是需要深入调查分析的问题。本节根据课题组在山东省的调研资料，分析粮食家庭农场使用社会化服务的现状，并与普通农户使用社会化服务的情况进行对比。

（一）粮食家庭农场样本调查情况

本节根据课题组的调查问卷结果进行分析，所用数据全部来自课题组调查问卷整理数据。课题组共选取山东省 10 个县和县级市作为样本县（市），用等距离抽样方法对每个县抽取 10 个粮食家庭农场，为了对粮食家庭农场和农户进行比较分析，在每个粮食家庭农场附近选取农业生产条件与粮食家庭农场类似的、主要从事粮食生产的普通农户 5—10 户。通过筛掉个别无效问卷，最终获得粮食家庭农场有效问卷 53 份，普通农户有效问卷 133 份，本节根据 53 份粮食家庭农场有效问卷和 133 份普通农户有效问卷进行实证分析。本调查所选择的家庭农场和普通农户的经营范围都是小麦和玉米粮食生产，这样便于对粮食家庭农场和普通农户进行对比分析。

调查所涉及的 10 个样本县（包含县级市）平衡分布在山东省东、中、西部地区，大大降低了因地区选择而导致的抽样误差问题，这 10 个县（市）分别是平度市、莱西市、曹县、滕州市、济阳县、曲阜市、

宁津县、莒县、巨野县和垦利县。各样本县（市）的自然条件、经济社会发展情况有所不同，发展家庭农场的情况也有所差异，导致各样本县（市）的家庭农场对社会化服务的需求也呈现巨大差异。

平度市属于农业大县，政府对农业发展的支持力度比较大，鼓励适度规模经营和土地流转，机械化水平较高，经济发展较快，有较好的发展势头，社会化服务体系发展比较成熟；莱西市土地较为平整，社会化服务发展在省内具有一定的优势，想发展成为粮食家庭农场的户主较多，所遇到的主要困难是资金缺乏和管理水平低下；曹县的粮食家庭农场和合作社发展较好，单纯粮食生产的家庭农场较多，且规模较小，土地相对零散，租金相对较高，采用飞机打药，统防统治工作做得较好；滕州市粮食家庭农场发展较好，社会化服务体系相对成熟，机械化水平较高，有比较便利的灌溉条件；济阳县采取一个乡镇发展一种作物的模式，单纯粮食生产的家庭农场较少，大部分以蔬菜、树苗种植为主，土地流转的程度也比较高，大部分普通农户土地流转已经趋于成熟阶段，对农业社会化服务的烘干服务需求较为迫切；曲阜市的粮食家庭农场数目较多，发展较快，并且政府支持力度大，规模化、专业化力度比较高，但是干旱问题严重，大面积种粮土地浇不上水，对灌溉服务需求迫切，对烘干服务的需求同样迫切；宁津县的粮食生产大多集中在大曹县，其他县多以发展经济作物、蔬菜为主，其中大曹县粮食家庭农场发展较多，但是发展水平相对落后，土地质量较差，需要改良的地方较多，对社会化服务有多方面的需求；莒县土地平整，机械大规模作业条件好，但由于当地经济发展缓慢，粮食家庭农场发展也相对缓慢，以经济作物为主，单纯粮食生产的家庭农场较少，人多地少，土地流转较为困难；巨野县土地平整，适合大规模机械作业，近几年城镇化发展较快，农场势头发展不错，社会化服务相对完善，机械化程度高，但是土地较为零散；垦利县地广人稀，粮食家庭农场发展规模均比较大，农村土地基本全部流转到农场主手中，机械化程度较高。

（二）粮食家庭农场生产环节使用社会化服务情况

因粮食作物耕种条件不同，粮食家庭农场在不同的生产环节，对社会化服务的需求存在差异，且在小麦和玉米两类品种之间也存在差异，最终导致其在不同品种、不同生产环节的社会化服务使用情况都存在差异[①]。

1. 小麦耕地环节

在所调查的 53 份粮食家庭农场有效问卷中，有 30 个农场在小麦耕地环节均购买过社会化服务，购买社会化服务的粮食家庭农场占比达到56.6%。购买的社会化服务主要有三种：拖拉机、旋耕机和深松机。如表 18 所示，在 53 个粮食家庭农场当中，有 23 个粮食家庭农场未购买任何机械服务，占所有粮食家庭农场的 43.4%。有 28 个粮食家庭农场购买了旋耕机服务，占所有购买机械服务的粮食家庭农场的 93.3%，也就是说如果在小麦耕地环节购买服务，93.3% 的粮食家庭农场会购买旋耕机服务，占所有粮食家庭农场的 52.8%，也就是说总体上有 52.8% 的家庭农场会在小麦耕地环节购买旋耕机服务。有 11 个粮食家庭农场购买了拖拉机服务，占所有购买机械服务的家庭农场的 36.7%，也就是说如果在小麦耕地环节购买服务，36.7% 的粮食家庭农场会购买拖拉机服务，占所有家庭农场的 20.7%，也就是说总体上有 20.7% 的家庭农场会

---

① 参见付兆刚：《构建新型农村社会化服务体系的几点思考》，《经济师》2013 年第 2 期。

在小麦耕地环节购买拖拉机服务。有 1 个家庭农场购买了深松机服务，占所有购买机械服务的家庭农场的 3.3%，也就是说如果在小麦耕地环节购买服务，只有 3.3% 的家庭农场会购买深松机服务，占所有家庭农场的 1.9%，也就是说总体上只有 1.9% 的家庭农场会在小麦耕地环节购买深松机服务。可以看出，旋耕机服务是家庭农场在小麦耕地环节使用最多的社会化服务，其次是拖拉机服务，分别有 52.8% 和 20.7% 的家庭农场在小麦耕地环节购买旋耕机和拖拉机服务。值得一提的是，在这些家庭农场中，有 9 个（占 17%）家庭农场同时购买旋耕机和拖拉机服务，有 1 个（占 1.9%）家庭农场同时购买旋耕机和深松机服务。

表 18　粮食家庭农场小麦耕地环节购买机械服务情况

服务种类	家庭农场数	占比 1（%）	占比 2（%）
旋耕机	28	93.3	52.8
拖拉机	11	36.7	20.7
深松机	1	3.3	1.9
未购买	23	/	43.4
购买	30	100	56.6
总和	63	>100	>100

备注：有些家庭农场购买的机械服务不止一种，所以总数可能大于家庭农场的总数 53；占比 1 表示购买该种机械服务的家庭农场占所有购买机械服务的家庭农场的比例，表明该种机械的受欢迎程度，不同种类机械服务占比 1 的总和可能大于 100%；占比 2 表示购买该种机械服务的家庭农场占所有被调查家庭农场的比例，表明该种机械的普及程度，不同种类机械服务占比 2 的总和也可能大于 100%。当总数大于所有的家庭农场总数，占比大于 100% 时，说明有家庭农场同时购买了两种以上的机械服务。

数据来源：根据调查问卷资料整理。

小麦耕地环节购买机械服务的家庭农场数为 30 个，如表 19 所示，这些家庭农场在此环节购买服务的耕地面积比例有多有少，购买服务的面积占其家庭农场总耕地面积的比值最小值为 23.4%，最大值为 100%，平均值为72.6%，也即平均来说，在耕地环节购买社会化服务的家庭农场用购买的机械服务进行耕作的面积占总面积的72.6%。从购买社会化服务的价格来看，每个家庭农场为此环节的社会化服务支付的价格也不尽相同，其中最小值为11元/亩，最大值为135元/亩，平均值为69.4元/亩，也即平均来说，家庭农场在耕地环节购买社会化服务的平均价格为69.4元/亩。

表19　购买社会化服务的粮食家庭农场购买小麦耕地机械服务的面积和单价

	最小值	最大值	平均值
面积占总面积之比（%）	23.4	100	72.6
单价（元/亩）	11	135	69.4

数据来源：根据调查问卷资料整理。

2. 小麦播种环节

小麦播种环节购买的社会化服务只有播种机，如表20所示，在53个被调查家庭农场中，有26个购买了播种机服务，占比达到家庭农场总数的49.1%，也就是说总体来看，有49.1%的家庭农场在小麦播种环节购买了播种机服务，50.9%的家庭农场没有购买播种机服务。

表20　粮食家庭农场小麦播种环节使用机械情况

	家庭农场数	占比1（%）	占比2（%）
播种机	26	100	49.1
未购买机械服务	27	/	50.9
总数	53	100	100

备注：占比1表示购买该种机械服务的家庭农场占所有购买机械服务的家庭农场的比例，表明该种机械的受欢迎程度；占比2表示购买该种机械服务的家庭农场占所有被调查家庭农场的比例，表明该种机械的普及程度。

数据来源：根据调查问卷资料整理。

　　小麦播种环节购买机械服务的家庭农场数为 26 个，这些家庭农场在此环节购买服务进行播种的面积比例有多有少，如表 21 所示，购买服务的面积占其粮食家庭农场总耕地面积的比值最小值为 25%，最大值为 100%，平均值为 74.7%，也即平均来说，在播种环节购买社会化服务的家庭农场用购买的机械服务进行播种的面积占总面积的 74.7%。从购买社会化服务的价格来看，每个家庭农场为此环节的社会化服务支付的价格也不尽相同，其中最小值为 7.5 元 / 亩，最大值为 50 元 / 亩，平均值为 24.9 元 / 亩，也即平均来说，家庭农场在播种环节购买社会化服务的平均价格为 24.9 元 / 亩。

表 21　购买社会化服务的粮食家庭农场购买小麦播种机械服务的面积和单价

	最小值	最大值	平均值
面积占总面积之比（%）	25	100	74.7
单价（元 / 亩）	7.5	50	24.9

数据来源：根据调查问卷资料整理。

3. 小麦收割环节

　　小麦收割环节采用的机械包括谷物联合收割机和收割机两种，如表 22 所示，在 53 个被调查家庭农场中，只有 13 个家庭农场在此环节未购买任何社会化服务，占比为 24.5%，说明有 75.5% 的家庭农场在小麦收割环节购买了社会化服务。有 38 个家庭农场选择通过购买社会化服务使用谷物联合收割机，占所有购买此环节机械服务的家庭农场的 95%，也就是说如果在小麦收割环节购买服务的话，95% 的家庭农场会购买谷物联合收割机服务；占所有家庭农场总数的 71.7%，也就是说总体上有 71.7% 的家庭农场会在小麦收割环节购买谷物联合收割机服务。

有 2 个家庭农场购买了收割机服务，占所有购买此环节机械服务的家庭农场的 5%，也就是说如果在小麦收割环节购买服务的话，只有 5% 的家庭农场会购买收割机服务；占所有家庭农场总数的 3.8%，也就是说总体上有 3.8% 的家庭农场会在小麦收割环节购买收割机服务。对比来说，谷物联合收割机因其用途广泛、工作效率高得到了家庭农场的普遍认可。在能使用谷物联合收割机进行收割粮食的情况下，绝大多数家庭农场都会选择谷物联合收割机进行粮食收割工作。

表 22　粮食家庭农场小麦收割环节使用机械情况

	家庭农场数	占比 1（%）	占比 2（%）
谷物联合收割机	38	95	71.7
收割机	2	5	3.8
未购买机械服务	13	/	24.5
总和	53	100	100

备注：占比 1 表示购买该种机械服务的家庭农场占所有购买机械服务的家庭农场的比例，表明该种机械的受欢迎程度；占比 2 表示购买该种机械服务的家庭农场占所有被调查家庭农场的比例，表明该种机械的普及程度。

数据来源：根据调查问卷资料整理。

小麦收割环节购买机械服务的家庭农场数为 40 个，如表 23 所示，这些家庭农场在此环节购买服务进行收割的面积比例有多有少，购买服务的面积占家庭农场总耕地面积的比值最小值为 23.4%，最大值为 100%，平均值为 76.7%，也即平均来说，在小麦收割环节购买社会化服务的家庭农场用购买的机械服务进行小麦收割工作的面积占总面积的76.7%。从购买社会化服务的价格来看，每个家庭农场为此环节的社会化服务支付的价格也不尽相同，其中最小值为 18 元 / 亩，最大值为 100 元 / 亩，平均值为 55.9 元 / 亩，也即平均来说，家庭农场在小麦收割环节购买社会化服务的平均价格为 55.9 元 / 亩。

表 23　购买社会化服务的粮食家庭农场购买小麦收割机械服务的面积和单价

	最小值	最大值	平均值
面积占总面积之比（%）	23.4	100	76.7
单价（元 / 亩）	18	100	55.9

数据来源：根据调查问卷资料整理。

4. 玉米耕地环节

玉米耕地环节所采用的机械主要是旋耕机和拖拉机，如表 24 所示，在 53 个被调查家庭农场中，有 44 个家庭农场在这一环节未购买任何机械服务，也就是说有 9 个家庭农场选择通过购买社会化服务这种方式使用机械，占比只有 17%，表明只有 17% 的家庭农场在玉米耕地环节购买机械服务。玉米耕地环节购买机械服务的家庭农场比例较小，其潜在原因在于在小麦收割之后大多土地不需要耕地就可直接种植玉米，也就是说种植玉米对耕地的要求较低，相对来说，小麦种植对耕地的要求较高。其中有 8 个家庭农场选择通过购买社会化服务使用旋耕机，占所有购买此环节机械服务家庭农场的 88.9%，也就是说如果在玉米耕地环节购买服务的话，88.9% 的家庭农场会购买旋耕机服务；占所有家庭农场总数的 15.1%，也就是说总体上有 15.1% 的家庭农场会在玉米耕地环节购买旋耕机服务。有 3 个家庭农场购买了拖拉机服务，占所有购买此环节机械服务的家庭农场的 33.3%，也就是说如果在玉米耕地环节购买服务的话，有 33.3% 的家庭农场会购买拖拉机服务；占所有家庭农场总数的 5.7%，也就是说总体上有 5.7% 的家庭农场会在玉米耕地环节购买拖拉机服务。其中有 2 个家庭农场同时购买旋耕机和拖拉机服务。

表 24 粮食家庭农场玉米耕地环节使用机械情况

	家庭农场数	占比 1（%）	占比 2（%）
旋耕机	8	88.9	15.1
拖拉机	3	33.3	5.7
未购买机械服务	44	/	83
总和	55	>100	>100

备注：有些家庭农场购买的机械服务不止一种，所以总数可能大于家庭农场总数 53；占比 1 表示购买该种机械服务的家庭农场占所有购买机械服务的家庭农场的比例，表明该种机械的受欢迎程度，各种机械服务占比 1 的总和可能大于 100%；占比 2 表示购买该种机械服务的家庭农场占所有被调查家庭农场的比例，表明该种机械的普及程度，各种机械服务占比 2 的总和可能大于 100%。当总数大于所有的家庭农场总数，占比大于 100% 时，说明有家庭农场同时购买了两种以上的机械服务。

数据来源：根据调查问卷资料整理。

玉米耕地环节购买机械服务的家庭农场数为 9 个，如表 25 所示，这些家庭农场在此环节购买服务进行耕地的面积比例有多有少，购买服务的面积占家庭农场总耕地面积的比值最小值为 28.9%，最大值为 100%，平均值为 79.2%，也即平均来说，在玉米耕地环节购买社会化服务的家庭农场用购买的机械服务进行耕地工作的面积占总面积的 79.2%。从购买社会化服务的价格来看，每个家庭农场为此环节的社会化服务支付的价格也不尽相同，其中最小值为 15 元 / 亩，最大值为 130 元 / 亩，平均值为 53 元 / 亩，也即平均来说，家庭农场在玉米耕地环节购买社会化服务的平均价格为 53 元 / 亩。

表 25 购买社会化服务的粮食家庭农场购买玉米耕地机械服务的面积和单价

	最小值	最大值	平均值
面积占总面积之比（%）	28.9	100	79.2
单价（元 / 亩）	15	130	53

数据来源：根据调查问卷资料整理。

5. 玉米播种环节

玉米播种环节和小麦播种环节所使用的机械是一样的，都是播种机，如表 26 所示，在 53 个被调查家庭农场中，通过购买社会化服务使用机械的家庭农场占比为 49.1%，且主要使用播种机服务。

表 26　粮食家庭农场玉米播种环节使用机械情况

	家庭农场数	占比 1 (%)	占比 2 (%)
播种机	26	100	49.1
未购买机械服务	27	/	50.9
总和	53	100	100

备注：占比 1 表示购买该种机械服务的家庭农场占所有购买机械服务的家庭农场的比例，表明该种机械的受欢迎程度；占比 2 表示购买该种机械服务的家庭农场占所有被调查家庭农场的比例，表明该种机械的普及程度。

数据来源：根据调查问卷资料整理。

玉米播种环节购买机械服务的家庭农场数为 26 个，如表 27 所示，这些家庭农场在此环节购买服务进行耕地的面积比例有多有少，购买服务的面积占家庭农场总耕地面积的比值最小值为 3.4%，最大值为 100%，平均值为 74.3%，也即平均来说，在玉米播种环节购买社会化服务的家庭农场用购买的机械服务进行播种工作的面积占总面积的 74.3%。从购买社会化服务的价格来看，每个家庭农场为此环节的社会化服务支付的价格也不尽相同，其中最小值为 15 元 / 亩，最大值为 80 元 / 亩，平均值为 27.8 元 / 亩，也即平均来说，家庭农场在玉米播种环节购买社会化服务的平均价格为 27.8 元 / 亩。

表 27　购买社会化服务的粮食家庭农场购买玉米播种机械服务的面积和单价

	最小值	最大值	平均值
面积占总面积之比（%）	3.4	100	74.3
单价（元／亩）	15	80	27.8

数据来源：根据调查问卷资料整理。

6. 玉米收割环节

玉米收割环节采用的机械包括谷物联合收割机和收割机两种，如表 28 所示，在 53 个被调查家庭农场中，有 19 个家庭农场在此环节未购买任何社会化服务，占比为 35.8%，说明有 64.2% 的家庭农场在玉米收割环节购买了社会化服务。其中有 32 个家庭农场选择通过购买社会化服务使用谷物联合收割机，占所有购买此环节机械服务的家庭农场的 94.1%，也就是说如果在玉米收割环节购买服务的话，94.1% 的家庭农场会购买谷物联合收割机服务；占所有家庭农场总数的 60.4%，也就是说总体上有 60.4% 的家庭农场会在玉米收割环节购买谷物联合收割机服务。有 2 个家庭农场购买了收割机服务，占所有购买此环节机械服务的家庭农场的 5.9%，也就是说如果在玉米收割环节购买服务的话，只有 5.9% 的家庭农场会购买收割机服务；占所有家庭农场总数的 3.8%，也就是说总体上有 3.8% 的家庭农场会在玉米收割环节购买收割机服务。

表 28　粮食家庭农场玉米收割环节使用机械情况

	家庭农场数	占比 1（%）	占比 2（%）
谷物联合收割机	32	94.1	60.4
收割机	2	5.9	3.8

	家庭农场数	占比 1（%）	占比 2（%）
未购买机械服务	19	/	35.8
总和	53	100	100

备注：占比 1 表示购买该种机械服务的家庭农场占所有购买机械服务的家庭农场的比例，表明该种机械的受欢迎程度；占比 2 表示购买该种机械服务的家庭农场占所有被调查家庭农场的比例，表明该种机械的普及程度。

数据来源：根据调查问卷资料整理。

玉米收割环节购买机械服务的家庭农场数为 34 个，如表 29 所示，这些家庭农场在此环节购买服务进行收割的面积比例有多有少，购买服务的面积占家庭农场总耕地面积的比值最小值为 3.4%，最大值为 100%，平均值为 70.5%，也即平均来说，在玉米收割环节购买社会化服务的家庭农场用购买的机械服务进行收割工作的面积占总面积的 70.5%。从购买社会化服务的价格来看，每个家庭农场为此环节的社会化服务支付的价格也不尽相同，其中最小值为 18 元 / 亩，最大值为 150 元 / 亩，平均值为 75.8 元 / 亩，也即平均来说，家庭农场在玉米收割环节购买社会化服务的平均价格为 75.8 元 / 亩。

表 29 购买社会化服务的粮食家庭农场购买玉米收割机械服务的面积和单价

	最小值	最大值	平均值
面积占总面积之比（%）	3.4	100	70.5
单价（元 / 亩）	18	150	75.8

数据来源：根据调查问卷资料整理。

（三）粮食家庭农场社会化服务的提供主体

为了从微观主体角度考察家庭农场发展情况，课题组对粮食生产主体，即家庭农场和普通农户进行了相关问题的访谈性问卷调查，其中有大量问题围绕家庭农场和普通农户的社会化服务供给及需求情况进行设计。关于粮食家庭农场社会化服务的提供主体的专项问题调查结果显示，粮食生产主体目前所接受的社会化服务通常由 7 种社会组织进行提供，分别是专业协会、专业合作社、专业农户、公益性服务组织、商业性服务组织、科研服务机构及其他。其中对于家庭农场社会化服务提供主体的研究发现，主要的社会化服务提供主体是专业合作社、专业农户和科研服务机构，如表 30 所示，在 53 个家庭农场中，有 10 个家庭农场明确表示没有接受过相应的社会化服务，占所有家庭农场的18.9%；其余 43 个家庭农场中选择专业合作社的家庭农场是 23 个，选择专业农户的家庭农场是 26 个，分别占接受社会化服务的家庭农场总数的 53.5% 和 60.5%，占所有家庭农场总数的 43.4% 和 49.1%；选择科研服务机构的家庭农场数是 13 个，占接受社会化服务的家庭农场总数的 30.2%，占所有家庭农场总数的 24.5%；另有两个家庭农场分别选择了公益性服务组织和商业性服务组织。

表 30   粮食家庭农场目前社会化服务的提供主体

	选择此项服务提供主体的家庭农场数	占 43 个接受服务家庭农场的比例（%）	占所调查家庭农场总数的比例（%）
专业合作社	23	53.5	43.4
专业农户	26	60.5	49.1
科研服务机构	13	30.2	24.5
没有接受过服务	10	/	18.9

备注：因同一个家庭农场可以同时选择多种社会化服务主体，所以各提供主体所占比重加起来不等于 100%。

数据来源：根据调查问卷资料整理。

由此可以看出，从微观家庭农场主的亲身体验来看，家庭农场社会化服务的提供主体主要是专业合作社、专业农户，这主要是因为家庭农场与专业合作社和专业农户的关系比较紧密，甚至有些家庭农场主本身兼营专业合作社，而有些家庭农场主本身就是本地的种粮大户，即专业农户。总体来看，家庭农场选择的社会化服务提供主体较为单一、模式较为固定，分析其原因，可以从家庭农场和社会化服务系统两个方面来看。从家庭农场的角度，一方面可能是由于家庭农场本身相对比较专业，能够独自完成一些社会化服务组织提供的专业化服务；另一方面可能是因为家庭农场主对于社会化服务组织认知度不高，进而导致缺乏相应的有效需求。从社会化服务系统来看，也不得不考虑所考察地区社会化服务系统自身发展的问题，导致其不能为家庭农场提供专业化更高、成本更低的服务。

（四）粮食家庭农场所得到的社会化服务种类

粮食家庭农场社会化服务的种类反映了社会化服务体系对家庭农场发展的支持情况。在调查问卷的访谈问题中，涉及一个"你们农场目前所接受的社会化服务都有哪些"，反映了粮食家庭农场目前所得到的社会化服务种类，如表31所示。

表31　粮食家庭农场得到的社会化服务种类情况

	选择此项服务的家庭农场数	占接受社会化服务的30个农场总数的比例（%）	占所有家庭农场总数的比例（%）
机耕	23	76.7	43.4
播种	22	73.3	41.5
机收	27	90	50.9

	选择此项服务的家庭农场数	占接受社会化服务的30个农场总数的比例（%）	占所有家庭农场总数的比例（%）
灌溉	10	33.3	18.9
质保	11	36.7	20.8
种植技术指导	10	33.3	18.9
打药	1	3.3	1.9
自己完成	23	/	43.4

数据来源：根据调查问卷资料整理。

　　53个家庭农场中有23个明确表示自己完成所有的工作，没有接受任何社会化服务，也就是说有43.4%的家庭农场通过自有机械进行经营，而不是依赖于社会化服务。在剩下30个明确表示接受过社会化服务的家庭农场中，机收服务是粮食家庭农场首选的社会化服务，有27个家庭农场明确表示接受过机收服务，占接受过社会化服务的家庭农场总数的90%，也就是说如果要选择社会化服务，那么有90%的家庭农场会首选机收服务这种社会化服务，潜在原因在于收割环节"联合收割机"这种大型机械固定成本高，在自有化经营与选择社会化服务之间，家庭农场势必会选择社会化服务；如果考虑所有被调查家庭农场，这个比例只有50.9%，也就是说总体来看，会有一半的家庭农场选择接受机收服务。

　　排在第二位和第三位的分别是机耕服务和播种服务，二者相差不大，分别有23个和22个家庭农场明确表示接受过此项服务，分别占接受过社会化服务的家庭农场总数的76.7%和73.3%，也即在选择社会化服务的家庭农场中，有76.7%的家庭农场在耕地环节会选择机耕服务，有73.3%的家庭农场在播种环节会接受播种服务；如果从所有被调查家庭农场来看，选择机耕和播种服务的家庭农场分别占所有家庭农场的43.4%和41.5%，也即从总体来看，有40%以上的家庭农场在耕地环节和播种环节会接受机耕服务和播种服务。

排在第四位的是质保服务，有 11 个家庭农场明确表示接受过这项服务，在所有选择社会化服务的家庭农场中选择此项的家庭农场占比只有 36.7%；在被调查的所有家庭农场中占比只有 20.8%，也即只有 20.8% 的家庭农场接受过质保服务。

并列排在第五位的是灌溉服务和种植技术指导服务，有 10 个家庭农场明确表示接受过这两项服务，占接受过社会化服务的家庭农场总数的 33.3%，说明如果要选择社会化服务，那么只有 33.3% 的家庭农场会考虑接受灌溉服务和种植技术指导服务；占所有家庭农场的 18.9%，也即从总体来看，只有 18.9% 的家庭农场会选择灌溉服务和种植技术指导服务。

从以上分析可以看出，选择质保服务、灌溉服务和种植技术指导服务的家庭农场占比较低。首先，选择质保服务和种植技术指导的家庭农场占比较低可能与家庭农场对该项服务需求较低有关，也可能与质保服务和种植技术指导服务自身服务落实不到位、不能满足家庭农场需要有关。其次，选择灌溉服务的家庭农场占比较低的潜在原因，一是由于先进的灌溉设备在粮食生产中运用得并不是很普遍，很多家庭农场依然选择"漫浇"的灌溉方式或是粗放式的处理方式，不会诉诸社会化服务提供的先进灌溉设备；二是由于在需要灌溉的繁忙季节，家庭农场一般会雇用短时工人来完成这项工作，这一成本核算在短期雇工的成本中，在社会化服务中并没有过多体现。

排在最后一位的服务种类是打药服务，只有 1 个家庭农场明确表示接受过打药服务，在所有选择社会化服务的家庭农场中占比只有 3.3%，在被调查的所有家庭农场中占比只有 1.9%，说明只有不足 2% 的家庭农场选择通过社会化服务这个渠道完成打药工作。究其原因，很可能和打药环节的工作性质有关，在山东地区粮食生产过程中，打药环节的工作现在依然是以采取手动式或担架式喷雾器为主来完成，家庭农场通常会采取购买手动式或担架式喷雾器，并雇用工人来完成相关工作，而不会通过社会化服务租用这种设备；此外，对于通过购买社会化服务采用飞机打药这种先进的打药方式，也并没有普及所有的家庭农场。

（五）粮食家庭农场接受社会化服务的质量

粮食家庭农场社会化服务的质量也是其社会化服务供给方面的一个考察因素，社会化服务提供的质量可通过家庭农场的满意度来反映。在访谈性的问卷调查中，有两个问题涉及家庭农场对社会化服务的满意度，一是"对农资是否满意"，二是"向正规金融机构借款的困难"，第一个问题考察家庭农场对目前所接受的生产资料服务的满意度，第二个问题可以考察家庭农场对于资金的需求，通过考察家庭农场在获取资金过程中的困难状况，可以考察目前金融体系对于家庭农场的服务状况。

如表 32 所示，令人感到意外的是，高达 96.2% 的家庭农场对于农资服务均表示满意，只有 3.8% 的家庭农场明确表示不满意，不满意的原因可归结为"造假太多"，主要表现在种子造假和化肥造假方面。

表 32　粮食家庭农场对农资服务的满意程度

	满意	不满意	不满意的原因
家庭农场数（个）	51	2	化肥、种子等造假
比例（%）	96.2	3.8	

数据来源：根据调查问卷资料整理。

根据问题"向正规金融机构借款的困难"的回答，发现在 53 个被调查粮食家庭农场中，有 3 个家庭农场明确表示"无贷款想法"，占所有被调查家庭农场的 5.7%，也即占 94.3% 的 50 个家庭农场具有融资需求。这 50 个家庭农场在融资环节遭遇的困难主要来源于缺乏抵押、手续烦琐、扶持政策不到位、门槛高、利息高、被动拉黑、年龄限制等几个方面，如表 33 所示。

表 33　粮食家庭农场在融资环节遭遇的困难

	选择此项困难的家庭农场数	占有融资需求的家庭农场总数的比例（%）	占所有家庭农场总数的比例（%）
缺乏抵押	18	36	34
政策扶持不到位	15	30	28.3
手续烦琐	9	18	17
利息高	6	12	11.3
被动拉黑	2	4	3.8
门槛高	1	2	1.9
年龄限制	1	2	1.9
无困难	13	26	24.5
无贷款想法	3	/	5.7

备注：因一个家庭农场可以选择多种融资困难，因此占比之和可能不等于 100%。
数据来源：根据调查问卷资料整理。

可以看出，首先，50 个具有融资需求的家庭农场中，有 26% 的家庭农场表示贷款不存在困难，占所有家庭农场的 24.5%，也就是说，存在大约 75% 的家庭农场在通过社会化服务进行融资过程中，遭遇了困难，这从一定程度上反映社会化服务至少在融资环节还有待进一步提升服务质量；其次，家庭农场在向正规金融机构贷款过程中，遭遇最大的困难表现在缺乏抵押、政策扶持不到位和手续烦琐三个方面，在有贷款需求的家庭农场中，36%的家庭农场遭遇了缺乏抵押的困难，30%的家庭农场遭遇了政策扶持不到位的困难，18%的家庭农场遭遇了贷款手续烦琐的困难，其余还有6个（占12%）家庭农场表示贷款利息太高，有2个（占4%）家庭农场表示被正规金融机构直接拉黑，遭遇了赤裸裸的贷款歧视，门槛高和年龄限制这两个困难因素只占很小的比例（各占2%）。

总体来说，75%的有贷款需求的家庭农场在向正规金融机构贷款时遭遇了各方面的困难，足以说明对于粮食家庭农场而言，向其提供资金方面的社会化服务质量不高，而且从其遭遇的困难可以看出，并不存在针对粮食家庭农场的有效率的融资扶持政策，或者说此类扶持政策根本落实不到位，因此，从此含义上说融资环节的社会化服务体系亟须完善。

（六）粮食家庭农场使用社会化服务的需求

从粮食家庭农场的社会化服务需求也可以看出，目前社会化服务体系对于粮食家庭农场的支持力度。在对53个粮食家庭农场所设计的访谈性问卷中，与社会化服务需求相对应的一个问题是"目前你们农场最需要的社会化服务是什么"，其中，有7个家庭农场选择"无"，从其余46个家庭农场主的选择可以看出，粮食家庭农场目前最需要的社会化服务包括农资供应、各生产环节的服务（耕地、播种、收割、打药等）、农机设备、科技服务、晾晒场地、粮食销售等。如表34所示，农资供应、耕地、收割、粮食销售、播种、打药这六项社会化服务是家庭农场最需要的社会化服务，需要这六项服务的家庭农场占所有家庭农场总数的比例分别为 39.6%、35.8%、34%、26.4%、22.6%、20.8%。

表 34　粮食家庭农场的社会化服务需求

	选择此项需求的家庭农场数	占选择此项需求的 46 个家庭农场总数的比例（%）	占所有家庭农场总数的比例（%）
农资供应	21	45.7	39.6
耕地	19	41.3	35.8
播种	12	26.1	22.6
收割	18	39.1	34
打药	11	23.9	20.8
浇地	2	4.3	3.8
农机设备	1	2.2	1.9
科技服务	2	4.3	3.8
粮食销售	14	30.4	26.4
晾晒场地	1	2.2	1.9
机械停放场地	1	2.2	1.9
好项目引进	1	2.2	1.9
无	7	/	13.2

数据来源：根据调查问卷资料整理。

　　将家庭农场的社会化服务需求进行归类，按照"产前—产中—产后"的逻辑顺序，将这些服务归为基础设施（包含晾晒场地、机械停放场地）、科技指导（包含科技服务和好项目引进）、农资供应、生产环节机械化、产后销售等五类服务，更能够清晰地反映家庭农场对社会化服务的需求，如表 35 所示。

表35 归为五类的粮食家庭农场的社会化服务需求

	选择此项需求的家庭农场数	占选择此项需求的家庭农场总数的比例（%）	占所有家庭农场总数的比例（%）
农资供应	21	45.7	39.6
生产环节机械化	29	63	54.7
产后销售	14	30.4	26.4
科技指导	3	6.5	5.7
基础设施	2	4.3	3.8
无	7	/	13.2

数据来源：根据调查问卷资料整理。

结果显示，粮食家庭农场最需要的社会化服务，排序第一的是生产环节机械化服务，共有 29 个家庭农场，占选择此项需求的家庭农场总数的 63%，占所有家庭农场总数的 54.7%；排序第二的是农资供应服务，有 21 个家庭农场主将其作为自己最需要的社会化服务，占选择此项需求的家庭农场总数的 45.7%，占所有家庭农场总数的 39.6%；排序第三的是产后销售服务，共有 14 个家庭农场将产后销售作为其最需要的社会化服务，占选择此项需求的家庭农场总数的 30.4%，占所有家庭农场总数的 26.4%；选择科技指导服务和基础设施服务作为最需要的社会化服务的家庭农场分别有 3 个和 2 个，在选择此项需求的家庭农场总数中的占比分别为 6.5% 和 4.3%。说明粮食家庭农场主要的社会化服务需求集中在生产环节机械化、农资供应和产后销售三项。

单独分析粮食生产环节，家庭农场最需要的社会化服务集中在耕地环节和收割环节，如表 34 所示，从其在所有家庭农场占比来看，有 35.8% 的家庭农场认为耕地环节的社会化服务是其最需要的社会化服务，有 34% 的家庭农场认为收割环节的社会化服务是其最需要的社会化服务；22.6% 的家庭农场认为播种环节的社会化服务是其最需要的社会化服务；20.8% 的家庭农场认为打药环节的社会化服务是其最需要的社会化服务。

"统防统治"，简单来说，就是指对农业生产中某种普遍发生的虫害或病害进行统一防治。考察粮食家庭农场对"统防统治"的需求，可以找出目前社会化服务体系中防虫防病方面的不足，以便更好地完善粮食家庭农场的社会化服务体系。访谈性问卷设计了"统防统治"需求的问题，将答案按照"支持"、"支持，但对其效果有所怀疑"、"不支持"和"不关心"四个等级来分类，如表 36 所示。

表 36 粮食家庭农场"统防统治"的需求

	家庭农场数（个）	占比（%）
支持	24	45.3
支持，但对其效果有所怀疑	6	11.3
不支持	13	24.5
不关心	10	18.9

备注：占比表示占被调查的所有 53 个家庭农场的比例。
数据来源：根据调查问卷资料整理。

可以看出，在被调查的 53 个家庭农场中，有 24 个明确表示对"统防统治"有需求，支持"统防统治"，占所有家庭农场的 45.3%；有 6 个表示对"统防统治"有需求，但对"统防统治"的效果有所怀疑，占所有家庭农场的 11.3%；明确表示不支持"统防统治"的家庭农场有 13 个，占所有家庭农场的 24.5%；另外还有 10 个家庭农场不关心"统防统治"这项服务，占所有家庭农场的 18.9%。总体来看，表示对"统防统治"服务有需求的家庭农场占所有家庭农场的一半以上。

三、粮食家庭农场使用社会化服务与机械化自营的选择

　　课题组在调研过程中发现，粮食家庭农场在不同生产环节所使用社会化服务的情况存在一定差异，一方面是由于各生产环节的特征不同导致对不同种类机械的需求不同；另一方面是由于不同家庭农场拥有自有机械的情况不一样，也就是说，某些生产环节，一些家庭农场一定程度上实现了机械化自营，不需要购买社会化服务。本节通过对比分析粮食家庭农场拥有机械的情况和生产环节购买社会化服务的情况，进而分析目前山东省粮食家庭农场在机械化自营与购买社会化服务之间的选择。

（一）粮食家庭农场拥有机械总数的情况

　　从以上生产环节家庭农场所购买的社会化服务来看，粮食家庭农场在生产环节中使用的几种重要的机械包括耕地机、旋耕机、播种机、收割机、拖拉机等。如表 37 所示，从粮食家庭农场所拥有的这几种机械来看，拥有量最多的是播种机，53 个家庭农场拥有的播种机总数为 156 台，平均每个家庭农场拥有 2.94 台，最大拥有量为 22 台，没有播种机的家庭农场共有 13 个，占比只有 24.5%，也即只有 24.5% 的家庭农场没有播种机；其次是耕地机（包含微型旋耕机），53 个家庭农场的耕地机拥有量为 116 台，每个家庭农场平均拥有 2.19 台，21 个家庭农场没有任何耕地机或旋耕机，占比约为 39.6%；再次，总拥有量排在第三的是拖拉机，53 个家庭农场的拖拉机拥有量总数为 81 台，平均每个

家庭农场拥有 1.53 台，最大拥有量为 10 台，20 个家庭农场没有拖拉机，占比为 37.7%；在几种重要的机械中，总拥有量最少的是收割机，53 个家庭农场拥有收割机总数为 45 台，平均每个家庭农场拥有 0.85 台，最大拥有量为 8 台，但收割机拥有量在家庭农场之间非常不均匀，没有收割机的家庭农场为 37 个，占比为 69.8%。

表 37　粮食家庭农场拥有机械情况

	总数（台）	每户平均（台）	户最大拥有量（台）	户最小拥有量（台）	0 台户数（个）	0 台户数比例（%）
耕地机（总）	116	2.19	18	0	21	39.6
拖拉机	81	1.53	10	0	20	37.7
播种机	156	2.94	22	0	13	24.5
收割机	45	0.85	8	0	37	69.8
农用机动车	65	1.23	5	0	18	34.0
施肥机	3	0.06	1	0	50	94.3
脱粒机	1	0.02	1	0	52	98.1
烘干设备	4	0.08	3	0	51	96.2
装载机	1	0.02	1	0	52	98.1
铲车	2	0.04	1	0	51	96.2
水泵	307	5.79	70	0	7	13.2
喷药机具	539	10.17	100	0	10	18.9
喷灌设备	161	3.04	130	0	40	75.5

数据来源：根据调查问卷资料整理。

从调查的情况来看，打药环节和喷灌环节比较特殊，大部分家庭农场采取的方式是利用自有机械和购买人工劳作的方式进行生产，因此这两个环节的机械拥有量较多，53 个家庭农场喷药机具的拥有量总数为 539 台，平均每个家庭农场 10.17 台，最大拥有量为 100 台，没有喷药机具的家庭农场只有 10 个，只占所有家庭农场的 18.9%；53 个家庭农场水泵的拥有量总数为 307 台，每个家庭农场平均拥有 5.79 台，最大拥有量为 70 台，没有水泵的家庭农场只有 7 个，只占所有家庭农场的 13.2%；53 个家庭农场拥有的喷灌设备总量为 161 台，平均每个家庭农场拥有量为 3.04 台，喷灌设备拥有量的分布非常不均匀，最大拥有量为 130 台，没有喷灌设备的达到 40 个，占比为 75.5%。究其原因，可能是因为水泵和喷灌设备在浇水灌溉环节具有很大的可替代性。

除了这些常用的机械之外，家庭农场拥有的机械还包括农用机动车及几种较少使用的机械，包括施肥机、脱粒机、烘干设备、装载机、铲车等。其中农用机动车的拥有量总数较高，达到 65 台，平均每个家庭农场拥有 1.23 台，最大拥有量为 5 台，没有农用机动车的有 18 个家庭农场，占比为 34.0%；其他几种机械拥有量非常低，只有 3 个家庭农场各拥有 1 台施肥机，1 个家庭农场拥有 1 台脱粒机，2 个家庭农场拥有烘干设备，其中 1 个家庭农场拥有 3 台，另一个家庭农场拥有 1 台，只有 1 个家庭农场拥有 1 台装载机，2 个家庭农场各拥有 1 辆铲车。

（二）粮食家庭农场使用自有机械自营与购买社会化服务的对比

不同的生产环节，家庭农场所使用的机械存在较大差异，如上所述，打药环节和灌溉环节比较特殊，其劳作方式通常是利用自有机械并在忙时雇用短工来完成的，且目前的家庭农场很少采用飞机打药和大型喷灌设备这些先进的机械，对机械化固定成本的要求较低，因此本部分依照前文，重点分析耕地、播种和收割三个环节。耕地环节主要使用的机械是耕地机、微型旋耕机、拖拉机，播种环节主要使用的机械是播种机，收割环节主要使用的机械是收割机，此外脱粒和烘干设备也是收割环节使用的机械。表 38 反映了所调查 53 个家庭农场的自有机械拥有量和他们在生产环节所购买的社会化服务情况。从表 38 可以看出，家庭农场在自有机械自营与购买社会化服务两种生产方式之间的对比与选择。

表 38　自有机械自营与购买社会化服务的对比

		家庭农场拥有自有机械情况			生产环节购买社会化服务情况				
					具有社会化服务需求	未购买社会化服务		购买社会化服务完成的面积（%）	
	机械名称	耕地机（含微型旋耕机）	拖拉机			小麦	玉米	小麦	玉米
耕地环节	拥有量（台）	116	81	家庭农场数（个）	19	23	44	72.6	79.2
	拥有机械的家庭农场占比（%）	60.4	62.3	家庭农场占比（%）	35.8	43.4	83		
播种环节	机械名称	播种机		家庭农场数（个）	12	27	27	74.7	74.3
	拥有量（台）	156							
	拥有机械的家庭农场占比（%）	75.5		家庭农场占比（%）	22.6	50.9	50.9		
收割环节	机械名称	收割机／脱粒机／烘干设备		家庭农场数（个）	18	13	19	76.7	70.5
	拥有量（台）	45／1／4							
	拥有机械的家庭农场占比（%）	30.2／1.9／3.8		家庭农场占比（%）	34	24.5	35.8		

数据来源：根据调查问卷资料整理。

1. 耕地环节自有机械自营与购买社会化服务的对比

首先，从家庭农场拥有自有机械的情况来看，53 个家庭农场中共有 116 台耕地机（含微型旋耕机），拥有耕地机的家庭农场占到 60.4%，共有 81 台拖拉机，拥有拖拉机的家庭农场占 62.3%，说明 60% 以上的家庭农场在耕地环节具有自有机械自营的能力；其次，调查中发现只有 35.8% 的家庭农场对耕地环节的机械服务具有迫切需求，说明从农场主本身意愿来看，有大约 2/3 的家庭农场在自有机械自营与购买社会化服务之间倾向于自有机械自营这种生产方式；再次，从此环节购买社会化服务的情况来看，玉米耕地环节高达 83% 的家庭农场没有购买任何社会化服务，倾向于自有机械自营生产方式，而小麦耕地环节也有 43.4% 的家庭农场没有购买任何社会化服务，说明耕地环节家庭农场的自有机械自营率较高；最后，从购买了社会化服务的家庭农场来看，所购买的机械类社会化服务并不能够全部满足家庭农场耕地需求，从面积来看，小麦和玉米分别有 72.6% 和 79.2% 的耕地是通过购买的社会化服务来完成的，其余大约 1/4 左右仍然是通过自有机械来完成的，更进一步地说明了家庭农场在耕地环节实现了一定程度的自有机械自营化。

2. 播种环节自有机械自营与购买社会化服务的对比

播种环节通常使用的机械主要是播种机。首先，从家庭农场拥有自有机械的情况来看，53 个家庭农场中共有 156 台播种机，平均每个家庭农场有接近 3 台播种机，从生产环节所使用的机械来看，播种机是拥有量最大的机械，此外，拥有播种机的家庭农场占所有家庭农场的 75.5%，说明 3/4 的家庭农场具有通过自有机械完成播种的能力；其次，从社会化服务需求来看，具有播种机械服务需求的家庭农场只有 12 个，占家庭农场总数的 22.6%，也就是说接近 80% 的家庭农场能够且愿意通过自有机械自营来完成播种工作，而不需要诉诸购买社会化服务；再次，从实际购买社会化服务的情况来看，播种环节没有购买任何社会化服务的家庭农场比例在三个环节中是最高的，小麦和玉米播种过程中均有 50.9% 的家庭农场没有购买任何社会化服务，说明至少有一半的家庭农场在播种环节是通过自有机械自营，而不是通过购买社会化服务来进行生产的；最后，从购买了社会化服务的家庭农场来看，所购买的机械类社会化服务并不能够全部满足家庭农场的全部需求，在小麦和玉米播种环节平均分别只有 74.7% 和 74.3% 面积的耕地是通过购买的播种服务来完成的，也就是说还有 1/4 面积的耕地仍然是通过自有机械自营来完成播种的，更进一步地说明了对于家庭农场来说，在播种环节自有机械自营比购买社会化服务更加重要。

3. 收割环节自有机械自营与购买社会化服务的对比

收割环节通常使用的机械主要是收割机，或是一般的收割机，或是大型谷物联合收割机，脱粒机、烘干设备也有单独使用，但更多时候是与大型谷物联合收割机一起使用的。首先，从家庭农场拥有自有机械的情况来看，53 个家庭农场中共有 45 台收割机，平均每个家庭农场只有 0.85 台，从生产环节所使用的机械来看，收割机的总拥有量远低于播种机和耕地机，此外，拥有收割机的家庭农场占所有家庭农场的 30.2%，这一数字远低于拥有播种机的家庭农场占比 75.5% 和拥有耕地机的家庭农场占比 60.4%，说明收割机的机械化自有程度远不如播种机和耕地机，这可能与大型谷物联合收割机固定成本高、社会化服务提供率比较充分有关；其次，从社会化服务需求来看，具有收割机械服务需求的家庭农场有 18 个，占家庭农场总数的 34%，也就是说仅从意愿来看，66% 的家庭农场愿意通过自有机械自营来完成收割工作，而不需要诉诸购买社会化服务；再次，从实际购买社会化服务的情况来看，收割环节没有购买任何社会化服务的家庭农场比例在三个环节中是最低的，小麦收割过程中 24.5% 的家庭农场没有购买任何社会化服务，玉米收割过程中

35.8% 的家庭农场没有购买任何社会化服务，也即大约只有 1/4 的家庭农场通过自有机械自营完成小麦的收割工作，大约 1/3 多一点的家庭农场通过自有机械自营完成玉米的收割工作，说明在三个环节中，收割环节是运用自有机械自营最少，购买社会化服务最多的环节；最后，从购买了社会化服务的家庭农场来看，所购买的机械类社会化服务并不能够满足家庭农场的全部需求，在小麦和玉米收割环节平均分别只有 76.7% 和 70.5% 面积的耕地是通过购买的收割服务来完成的，其余 23.3% 和 29.5% 仍然是通过自有机械自营来完成的。这一数据可能反映出以下问题，一方面，通过社会化服务提供的大型谷物联合收割机运用于小麦收割比运用于玉米收割更加有效；另一方面，自有机械自营是社会化服务的有益补充，这一点可能与大型谷物联合收割机对地块、地形具有较高要求有关。

4. 小结

从以上三个环节的分析可以看出，第一，从能力方面来看，相当一部分粮食家庭农场具有了自有机械自营的能力，相对来说，耕地环节和播种环节的自有机械自营能力较高，收割环节的自有机械自营能力相对较低。第二，从需求角度来看，耕地环节和收割环节均有 1/3 以上的家庭农场具有购买社会化服务的迫切需求，且耕地环节有需求的家庭农场比例（35.8%）要稍高于收割环节（34%），但家庭农场耕地环节的自有机械自营能力比收割环节稍高，这一矛盾的潜在原因可能在于收割环节的社会化服务体系比较完善，服务供给程度比较高，对现有家庭农场需求的满足程度较高；但播种环节只有 22.6% 的家庭农场具有购买社会化服务的需求，说明播种环节家庭农场的自有机械自营的需求最大。第三，从实际购买社会化服务的情况来看，玉米耕地环节未购买社会化服务的比例最高，高达 83%，小麦耕地环节未购买社会化服务的比例也高达 43.4%，相对来说，播种环节实际未购买社会化服务的家庭农场也在一半以上，但收割环节未购买社会化服务的比例较低，说明耕地和播种环节基本达到了 50% 的自有机械自营率，但收割环节的自有机械自营率较低。第四，从应用面积比例来看，所购买的社会化服务在三个环节都不能够完全满足家庭农场的需求，一方面，这一结论给社会化服务体系继续完善提出了要求；另一方面，说明家庭农场自有机械自营能够成为社会化服务的有益补充，自有机械自营和购买社会化服务相辅相成，同时促进家庭农场有序发展。

四、粮食家庭农场与普通农户使用社会化服务的对比

从事粮食生产的家庭农场与普通农户在个人特征、土地特征、机械拥有方面均存在一定差异，这种差异有可能导致二者在使用社会化服务方面存在差异，本节从二者使用社会化服务的比率、使用社会化服务的价格、社会化服务的提供主体、使用的社会化服务种类、所接受社会化服务的质量及对社会化服务的需求等六个方面进行对比分析，以期找出粮食家庭农场和普通农户在使用社会化服务方面的差异。

（一）粮食家庭农场与普通农户生产环节社会化服务比率对比

课题组选取了与家庭农场所在地区相同的 133 个普通农户，对其生产环节购买社会化服务的情况进行了调查，并与家庭农场购买社会化服务的情况进行了对比，结果如表 39 和图 12 所示。

表 39　粮食家庭农场与普通农户未购买社会化服务及使用社会化服务比率

	未购买数量（个）		未购买比例（%）		使用社会化服务比率（%）	
	家庭农场	普通农户	家庭农场	普通农户	家庭农场	普通农户
小麦耕地	23.0	9.0	43.4	6.8	56.6	93.2
小麦播种	27.0	26.0	50.9	19.5	49.1	80.5
小麦收割	13.0	6.0	24.5	4.5	75.5	95.5
玉米耕地	44.0	91.0	83.0	68.4	17.0	31.6
玉米播种	27.0	19.0	50.9	14.3	49.1	85.7
玉米收割	19.0	25.0	35.8	18.8	64.2	81.2

数据来源：根据调查问卷资料整理。

　　课题组得到的主要结论是，粮食家庭农场在耕地、播种和收割环节的社会化服务比率均低于普通农户。如表 39 所示，无论是小麦或是玉米，三个主要生产环节普通农户未购买社会化服务的比例均远远低于家庭农场未购买社会化服务的比例，也就是说，如果用购买社会化服务的家庭农场或普通农户在所有家庭农场或普通农户中的比例代表社会化服务比率，那么在所有环节，普通农户的社会服务化比率远远高于家庭农场的社会化服务比率，如图 12 所示。

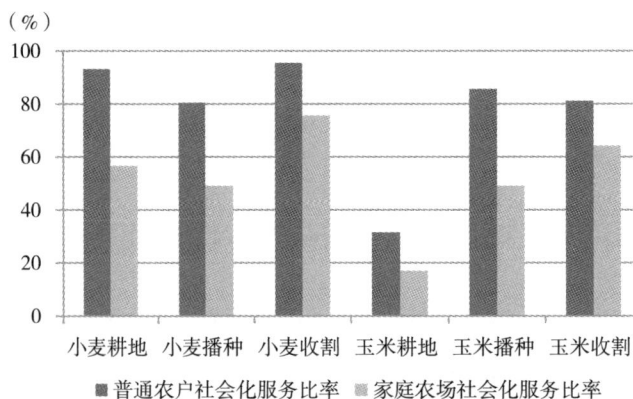

图 12　粮食生产环节社会化服务比率

数据来源：根据调查问卷资料整理。

　　普通农户的社会化服务比率比家庭农场高的原因，也可从访谈问卷中二者接受过的社会化服务对比来分析。课题组针对粮食生产过程中接受过的社会化服务在访谈问卷中对普通农户和粮食家庭农场进行了相同的提问，主要的选项集中于机耕、播种、机收、灌溉、质保、种植技术指导等方面，如表40所示。可以看出，普通农户表示没有接受过任何社会化服务的比例远低于粮食家庭农场，同时普通农户选择"机耕、播种、机收和灌溉"等主要生产环节的机械服务的比例远远高于粮食家庭农场的相应比例，说明社会化服务在普通农户当中的普及程度远比粮食家庭农场高，同时说明主要生产环节粮食家庭农场的自有机械自营率较高。此外，普通农户在质保和种植技术指导两项社会化服务方面的接受比例比粮食家庭农场低，这可能和粮食家庭农场主本身具有更强的科学种植意识有关。

表40　粮食家庭农场与普通农户接受过的社会化服务对比

	无	机耕	播种	机收	灌溉	质保	种植技术指导
农户个数	5	123	119	122	54	12	19
比例（%）	3.8	92.5	89.5	91.7	40.6	9.0	14.3
家庭农场个数	23	23	22	27	10	11	10
比例（%）	43.4	43.4	41.5	50.9	18.9	20.8	18.9

数据来源：根据调查问卷资料整理。

　　家庭农场的社会化服务比率远低于普通农户，究其原因，一方面可能是前文提到的家庭农场自有机械率较高，而普通农户的自有机械率远低于家庭农场。133个普通农户的自有机械与购买社会化服务的对比情况如表41、表42所示，普通农户耕地机、拖拉机、播种机、收割机的自有机械率分别只有8.3%、26.3%、11.3%、3.8%；而相对来说，家庭农场的自有机械率则分别达到 60.4%、62.3%、75.5%、30.2%。因此课题组认为，普通农户自有机械率远低于家庭农场，可能是普通农户使用社会化服务比率高于家庭农场的主要原因。

表 41　普通农户自有机械率与购买社会化服务的对比

	总数（台）	每户平均（台）	户最大拥有量（台）	户最小拥有量（台）	0 台户数（个）	0 台户数比例（%）	自有机械率（%）
耕地机	13	0.10	2	0	122	91.7	8.3
拖拉机	40	0.30	3	0	98	73.7	26.3
播种机	18	0.14	3	0	118	88.7	11.3
收割机	5	0.04	1	0	128	96.2	3.8

备注：此处使用拥有自有机械的农户个数占所有农户总数的比例来计算自有机械率，与前述家庭农场的情况类似，耕地机计数中包含微型旋耕机。

数据来源：根据调查问卷资料整理。

另一方面可能与家庭农场主和普通农户的个人特征有关，在所调查的 53 个家庭农场中，有 13 个农场主专门从事农业劳动，而除经营家庭农场外，还从事其他与农业相关的职业的农场主有 11 个，如农资供应、合作社、大棚等。剩下的 29 个农场主除经营家庭农场外，所从事的职业与农业劳动无关，如客运、建筑工地、服装生意等，这种背景下的家庭农场主一般见多识广，个人能力也较强，在投资生产环节使用机械方面具有主动性，同时也有相应的资金或者能够找到合适的融资渠道来投资固定资本占比较高的机械。但 133 个普通农户户主中，专门从事农业劳动的有 67 个，且年龄都偏大，平均年龄为 61 岁；其余 66 个户主除从事农业劳动外，还有其他工作，如会计、建筑、清洁工等，从普通农户户主的年龄和其从事的职业来看，普通农户户主很难筹集到足够的资金来投资生产环节的机械化，由于个人特征而形成的融资能力导致了家庭农场与普通农户之间的自有机械率的巨大差异，进而导致购买社会化服务比率的差异。

表 42　粮食家庭农场与普通农户自有机械率对比

	每户平均拥有量（台）		0 台户数比例（%）		自有机械率（%）	
	家庭农场	普通农户	家庭农场	普通农户	家庭农场	普通农户
耕地机	2.19	0.10	39.6	91.7	60.4	8.3
拖拉机	1.53	0.30	37.7	73.7	62.3	26.3
播种机	2.94	0.14	24.5	88.7	75.5	11.3
收割机	0.85	0.04	69.8	96.2	30.2	3.8

数据来源：根据调查问卷资料整理。

此外，课题组在分析过程中还发现了两个值得一提的结论：首先，无论是普通农户还是家庭农场，玉米耕地环节的社会化比率都较低，普通农户社会化服务比率只有 31.6%，家庭农场只有 17%；而小麦耕地环节的社会化服务比率较高，普通农户高达 93.2%，家庭农场高达 56.6%。这种不同粮食品种耕地环节之间的差异主要是因为玉米的生长期短，其种植对时间要求比较严格，在小麦收割之后大多土地不需要耕地就可直接种植玉米，也就是说种植玉米对耕地的要求较低，相对来说，小麦种植对耕地的要求较高。

其次，收割环节，普通农户和家庭农场的社会化服务比率较高，而且二者之间的差异较小。小麦收割环节普通农户和家庭农场的社会化服务比率分别为 95.5% 和 75.5%；玉米收割环节普通农户和家庭农场的社会化服务比率分别为 81.2% 和 64.2%。说明目前，山东省的粮食生产主体在收割环节的机械化使用程度较高，但效率较高的大型谷物联合收割机本身的固定资本占用较高，普通农户和家庭农场都很难做到完全的自有机械自营，同时到了粮食收获季节，由南至北全国巡回式的大型联合收割机社会化服务模式在山东平原地区的普及率也是比较高的。

（二）粮食家庭农场与普通农户生产环节平均服务价格对比

社会化服务的价格通常能够影响粮食生产主体是否采用社会化服务的决策，家庭农场和普通农户采用社会化服务的比率存在差异，其使用社会化服务的价格是否存在差异也是值得关心的问题。如表43和图13所示，家庭农场与普通农户在生产环节所使用的社会化服务价格确实存在着巨大差异。

表 43　粮食家庭农场与普通农户生产环节社会化服务价格对比（元／亩）

	家庭农场			普通农户			最低价之差	最高价之差	平均价之差
	最低价	最高价	平均价	最低价	最高价	平均价			
小麦耕地	11	135	69.4	20	200	74.4	9	65	5.0
小麦播种	8	50	24.9	6	250	31.7	−2	200	6.8
小麦收割	18	100	55.9	16	500	74.8	−2	400	18.9
玉米耕地	15	130	53.0	20	203	79.1	5	73	26.1
玉米播种	15	80	27.8	6	100	29.2	−9	20	1.4
玉米收割	18	150	75.8	30	600	88.9	12	450	13.1

数据来源：根据调查问卷资料整理。

从社会化服务的平均价格来看，普通农户在三个生产环节使用社会化服务的平均价格均比家庭农场高，小麦耕地环节、播种环节、收割环节和玉米耕地环节、播种环节、收割环节，普通农户购买社会化服务的平均价格比家庭农场分别高出 5.0 元 / 亩、6.8 元 / 亩、18.9 元 / 亩、26.1 元 / 亩、1.4 元 / 亩和 13.1 元 / 亩。玉米耕地环节和小麦收割环节、玉米收割环节的价格差较大，而玉米播种环节普通农户和家庭农场的社会化服务价格差较小。

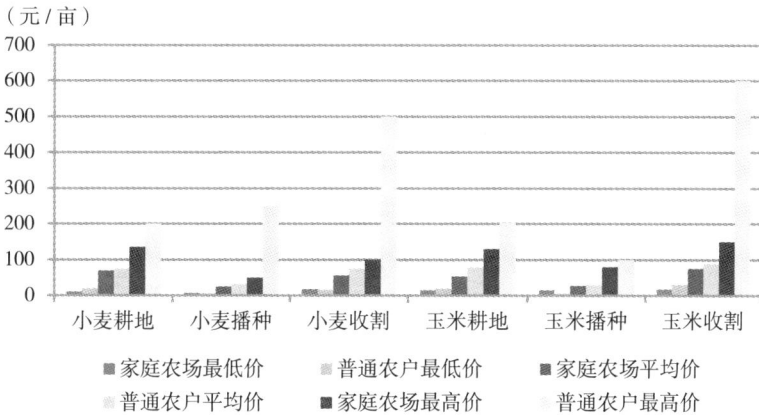

图 13　粮食家庭农场与普通农户购买社会化服务的价格对比

数据来源：根据调查问卷资料整理。

从购买社会化服务的最低价来看，并不总是存在普通农户的购买价格比粮食家庭农场高的现象，在小麦播种环节、小麦收割环节和玉米播种环节均存在普通农户支付价格低于家庭农场支付价格的现象，但这可能是个别情况，不足以说明普通农户的社会化服务支付价格低于家庭农场。

从购买社会化服务的最高价来看，普通农户购买社会化服务的最高价远比粮食家庭农场高，耕地环节和玉米播种环节的差异相对来说较小，小麦和玉米耕地环节普通农户购买的服务价格比家庭农场每亩分别高 65 元和 73 元，玉米播种环节普通农户购买的服务价格比家庭农场每亩高 20 元；其他环节差异均在 100 元以上，小麦播种环节普通农户购买价格比家庭农场每亩高 200 元，小麦收割环节普通农户购买价格则比家庭农场每亩高 400 元，玉米收割环节普通农户购买服务的价格与家庭农场的差异更是高达 450 元 / 亩。

粮食家庭农场与普通农户在购买社会化服务价格方面的差异可能是导致二者购买社会化服务比率差异的一个原因。

（三）粮食家庭农场与普通农户社会化服务提供主体对比

课题组在调研过程中发现，粮食生产主体目前所接受的社会化服务通常由七种社会组织进行提供，分别是专业协会、专业合作社、专业农户、公益性服务组织、商业性服务组织、科研服务机构及其他。而粮食家庭农场通常接受的社会化服务是由专业农户、专业合作社和科研服务机构所提供的。相同地区 133 个普通农户的调研问卷资料显示，普通农户所接受的社会化服务通常也都是由专业农户和专业合作社提供的，但二者在社会化服务提供主体的选择上仍存在一些差异，粮食家庭农场和普通农户所选择的社会化服务提供主体对比情况如表 44 所示。

表 44　家庭农场和普通农户社会化服务提供主体的对比

	家庭农场		普通农户	
	数量（个）	比例（%）	数量（个）	比例（%）
专业协会	/	/	1	0.8
专业合作社	23	43.4	58	43.6
专业农户	26	49.1	66	49.6
公益性服务组织	/	/	12	9.0
商业性服务组织	/	/	28	21.1
科研服务机构	13	24.5	10	7.5

	家庭农场		普通农户	
	数量（个）	比例（%）	数量（个）	比例（%）
其他	/	/	1	0.8
无	10	18.9	24	18.0

备注：数量指选择此项社会化服务提供主体的家庭农场或普通农户个数，比例指选择此项社会化服务提供主体的家庭农场或普通农户占所有家庭农场或普通农户的比例，"无"表示没有接受过任何社会化服务提供主体所提供的社会化服务。

数据来源：根据调查问卷资料整理。

可以看出，普通农户和家庭农场表示没有接受过任何社会化服务提供主体所提供的社会化服务的比例基本相同，家庭农场和普通农户这一比例分别是 18.9% 和 18.0%；且选择专业农户和专业合作社的家庭农场和普通农户的比例基本接近，而且从偏好程度来看，专业农户是普通农户和家庭农场寻求社会化服务的首选，选择专业农户的家庭农场比例是 49.1%，选择专业农户的普通农户比例是 49.6%，其次是专业合作社，家庭农场和普通农户的这一比例分别是 43.4% 和 43.6%。从这一点来看，普通农户和家庭农场的社会化服务提供主体不存在差异。这说明，在选择社会化服务提供主体时，家庭农场和普通农户均具有一定程度上的从众行为，导致家庭农场和普通农户通常都将专业农户和专业合作社作为其相对固定的社会化服务提供主体。

然而课题组发现，在社会化服务提供主体选择这一问题上，家庭农场和普通农户仍然存在两处差异：第一，与普通农户相比，家庭农场更有可能选择"科研服务机构"作为其社会化服务提供主体。如表44所示，选择"科研服务机构"的家庭农场比例达到 24.5%，而普通农户的这一比例只有 7.5%，这说明家庭农场对于科研服务机构的认知度和信任程度要高于普通农户，这可能和二者在见识、能力、年龄等个人特征方面的差异有关。第二，与普通农户相比，家庭农场对社会化服务提供主体的选择较为单一。如表 44 所示，家庭农场对于社会化服务提供主体的选择只集中在专业农户、专业合作社和科研服务机构三项，而普通农户则是表现出更具有灵活性的选择。133 个普通农户中，有21.1% 的普通农户选择了商业性服务组织作为其社会化服务提供主体，有9.0% 的普通农户选择了公益性服务组织作为其社会化服务提供主体，这说明与普通农户相比，家庭农场对于商业性和公益性服务组织的信任度较低。

总体来说，通过家庭农场和普通农户选择社会化服务提供主体的对比，课题组发现：第一，无论是家庭农场还是普通农户，专业农户和专业合作社均是其所选择的两大主要社会化服务提供主体；第二，相对来说，家庭农场更有可能相信科研服务机构，而普通农户则更信任公益性或商业性服务组织；第三，从社会化服务的提供主体来看，家庭农场的选择较为单一，而普通农户的选择则呈现多元化的趋势。

（四）粮食家庭农场与普通农户接受的社会化服务提供种类对比

课题组针对粮食生产过程中接受过的社会化服务，在访谈性问卷中对普通农户和家庭农场进行了相同的提问，主要的选项集中于机耕、播种、机收、灌溉、质保、种植技术指导等方面，如表 45 所示。

表 45　粮食家庭农场与普通农户接受过的社会化服务对比

	无	机耕	播种	机收	灌溉	质保	种植技术指导
普通农户个数	5	123	119	122	54	12	19
比例（%）	3.8	92.5	89.5	91.7	40.6	9.0	14.3

	无	机耕	播种	机收	灌溉	质保	种植技术指导
家庭农场个数	23	23	22	27	10	11	10
比例（%）	43.4	43.4	41.5	50.9	18.9	20.8	18.9

数据来源：根据调查问卷资料整理。

可以看出，农户表示没有接受过任何社会化服务的比例远低于家庭农场，同时农户选择"机耕、播种、机收和灌溉"等主要生产环节的机械服务的比例远远高于家庭农场的相应比例，说明社会化服务在农户当中的普及程度远比家庭农场高，同时说明主要生产环节家庭农场的自有机械自营率较高。

从接受过的社会化服务种类来看，按照家庭农场和普通农户选择服务种类的次数来排序，对于整体家庭农场而言，所选择的服务种类依次为"机收—机耕—播种—质保—灌溉—种植技术指导"；对于整体普通农户而言，所选择的服务种类依次为"机耕—机收—播种—灌溉—种植技术指导—质保"。其中虽然"机收"、"机耕"、"播种"在家庭农场和普通农户的排序略不一样，但这三项社会化服务对于家庭农场和普通农户均是非常重要的社会化服务种类，而且选择这三项社会化服务的家庭农场比例或普通农户比例差异不大。

此外，对于"灌溉"的选择在普通农户和家庭农场之间存在差异，40.6%的普通农户均选择了此项社会化服务，而只有18.9%的家庭农场选择了此项社会化服务。对于"质保"和"种植技术指导"的选择，在普通农户和家庭农场之间也存在差异，普通农户对于"质保"和"种植技术指导"这两项社会化服务的接受比例均比家庭农场低，尤其是"质保"，选择"质保"的普通农户比例要比选择"质保"的家庭农场比例低一半，究其原因，可能和家庭农场主本身具有更强的科学种植意识有关。

（五）粮食家庭农场与普通农户接受社会化服务的质量对比

社会化服务提供的质量可通过家庭农场的满意度来反映。对于家庭农场所接受的社会化服务质量调查发现，高达 96.2% 的家庭农场对于农资服务均表示满意，但向家庭农场提供资金方面的社会化服务质量不高，家庭农场普遍遭遇各种融资困难。对于同地区 133 个普通农户的调查发现，如表 46 所示，93.2% 的普通农户对于农资服务表示满意，只有占比 6.8% 的 9 个普通农户表示不满意，对农资不满意的主要原因与家庭农场相同，均是因为化肥、农药、种子等农资造假太多。

表 46　家庭农场与普通农户接受社会化服务质量满意对比

	家庭农场		普通农户	
	数量（个）	比例（%）	数量（个）	比例（%）
满意	51	96.2	124	93.2
不满意	2	3.8	9	6.8
不满意的原因	化肥、农药、种子等造假		化肥、农药、种子等造假	

数据来源：根据调查问卷资料整理。

普通农户粮食生产过程中所需要的固定资本投资相对较少，普遍来说，普通农户在粮食生产过程中并不存在太多的融资需要。对 133 个普通农户种植粮食过程中遭遇的困难进行调查，如表 47 所示，表示资金不足的普通农户只占所有普通农户的 21.1%，也就是说只有 21.1% 的普通农户具有潜在的融资需求；相对来说，有 77.4% 的家庭农场表示资金不足，表 33 的数据更说明，94.3% 的家庭农场明确表示具有融资需求，因此课题组认为家庭农场的融资需求比普通农户的融资需求更大，这一点可从家庭农场经营规模大，生产过程中需要更多资金角度来解释。同样也说明目前的社会化服务体系在满足家庭农场融资需求这方面还亟须进一步完善。

（六）粮食家庭农场与普通农户社会化服务需求的对比

考察家庭农场与普通农户社会化服务的需求，有利于粮食生产社会化服务体系更好地服务于家庭农场和普通农户，考察二者对社会化服务需求的差异，能够更深入地了解相对普通农户来说，家庭农场更需要哪些社会化服务。以下从家庭农场和普通农户粮食生产过程中遭遇的困难、家庭农场和普通农户最需要的社会化服务、"统防统治"三个方面来进行对比。

1. 粮食家庭农场与普通农户粮食生产遭遇的困难对比

课题组在对家庭农场和普通农户访谈过程中，考察了家庭农场和普通农户在粮食生产过程中遭遇的困难，如表 47 所示。从这些困难可以看出，目前家庭农场和普通农户在哪些社会化服务方面具有大量需求。

表 47　粮食家庭农场和农户粮食生产过程中遭遇的困难

	家庭农场		普通农户	
	数量（个）	比例（%）	数量（个）	比例（%）
资金不足	41	77.4	28	21.1
转入土地困难	24	45.3	14	10.5
社会化服务不到位	14	26.4	25	18.8
劳动力不足	6	11.3	26	19.5
灌溉不方便	15	28.3	60	45.1

	家庭农场		普通农户	
	数量（个）	比例（%）	数量（个）	比例（%）
基础设施不足	14	26.4	13	9.8
其他	5	9.4	10	7.5
无	1	1.9	28	21.1

备注：基础设施包括晾晒场地、储存场地等，其他包括自然灾害、销售困难、补贴不到位、土地零散等，因比例较小合在一起。

数据来源：根据调查问卷资料整理。

首先，粮食家庭农场遭遇资金不足困难的比例是最高的，有77.4%的家庭农场表示，发展家庭农场的过程中遭遇资金不足的困难，而普通农户这一比例只有21.1%，因此课题组认为，融资服务是家庭农场具有大量需求的社会化服务；其次，有26.4%的家庭农场和18.8%的普通农户明确表示社会化服务不到位，说明粮食生产社会化服务体系还有更大的服务空间，其服务质量有待更进一步完善；再次，表示遭遇灌溉不方便困难的普通农户比例高达45.1%，而家庭农场这一比例只有28.3%，其原因可能在于家庭农场地块比较完整，规模比较大，实施灌浇地较为方便，也可能和家庭农场前期投资挖水渠、打井等工作有关；最后，表示遭遇基础设施不足困难的家庭农场比例（26.4%）远高于普通农户比例（9.8%），而调查工作中发现主要的基础设施不足表现为晾晒场地缺乏，这一点对于开展粮食生产烘干设备机械化服务提供了大量服务空间。

2. 粮食家庭农场和普通农户最需要的社会化服务对比

课题组在对家庭农场和普通农户的访谈过程中，考察了二者最需要的社会化服务，如表48所示，根据家庭农场和普通农户比例来看，排在前三名的家庭农场最需要的社会化服务依次是"农资供应—耕地—

收割"，而排在前三名的普通农户最需要的社会化服务依次是"收割—
农资供应—耕地"，可以看出，家庭农场和普通农户对于首选最需要的
社会化服务的选择并不存在过多差异。

表48　粮食家庭农场和普通农户最需要的社会化服务对比

	无	农资供应	耕地	播种	收割	打药	产品销售	其他
普通农户个数	21	54	39	34	57	17	6	13
比例（%）	15.8	40.6	29.3	25.6	42.9	12.8	4.5	9.8
家庭农场个数	7	21	19	12	18	11	14	8
比例（%）	13.2	39.6	35.8	22.6	34.0	20.8	26.4	15.1

数据来源：根据调查问卷资料整理。

但从打药服务来看，普通农户的选择比例（12.8%）要低于家庭农
场的选择比例（20.8%），课题组认为，这和目前山东省粮食生产主体
打药方式存在很大关联。目前，山东省大部分粮食生产主体依然是采用
传统的人工打药方式，这种打药方式是一种成本投入少，但劳动力投入
多的工作方式，比较适合普通农户小规模经营，不适合家庭农场大规模
经营，因此家庭农场在打药环节的社会化服务需求明显大于普通农户的
需求。

另外一个存在明显差异之处是产品销售服务，相对来说，普通农
户的产品销售服务需求要远远低于家庭农场，这和普通农户规模小、总
产量低，而家庭农场规模大、总产量高具有密切关系。

3.粮食家庭农场和普通农户对"统防统治"需求的对比

从"统防统治"的需求来看，如表49所示，家庭农场和普通农
户支持比例基本持平，45.3%的家庭农场和45.1%的普通农户明确表
示支持"统防统治"；明确表示不支持"统防统治"的比例在二者之间

有差异，明确表示不支持的家庭农场比例（24.5%）大于普通农户比例（16.5%），表示支持"统防统治"，但担心其效果的家庭农场比例（11.3）也大于农户比例（3.0）；但表示"不关心"／"不感兴趣"的普通农户比例（34.6）要远远超过家庭农场比例（18.9）。究其原因，可能在于普通农户自身的种植规模较小，遭遇病虫害的损失相对也就较小，对于普通农户而言，即使遭遇病虫害，依赖传统的人工方式进行防虫防病基本上也可以挽回一定的损失；但家庭农场规模大，人工打药需要大量劳动力，因此对"统防统治"的需求相对就会更大。

表 49　粮食家庭农场和普通农户对"统防统治"的需求对比

	粮食家庭农场		普通农户	
	数量（个）	比例（%）	数量（个）	比例（%）
支持	24	45.3	60	45.1
支持，但对其效果有所怀疑	6	11.3	4	3.0
不支持	13	24.5	22	16.5
不关心	10	18.9	46	34.6

数据来源：根据调查问卷资料整理。

第六章　粮食家庭农场补贴

基于保证粮食安全和增加农民收入的目的，2004 年开始，我国在全国范围内实施种粮直补政策，并于 2006 年全面取消农业税，形成并逐步完善了以粮食直补、良种补贴、农业综合补贴和农机具购置补贴等四大补贴为主的农业补贴政策。四大补贴金额从 2004 年开始的 146 亿元，迅速增加到 2009 年的 1152 亿元，之后连年增长。近年来，我国每年的四大农业补贴稳定在大约 1670 亿元左右。

本文探讨的补贴是针对农业和粮食家庭农场的补贴。针对农民的补贴，如农民新农合医疗补贴、农民养老补贴等不在讨论范围之内。

一、粮食家庭农场补贴的依据和补贴种类

（一）制定补贴政策的依据

人口逐年增加带来粮食安全压力的增加。2015 年末，中国大陆人口 13.74 亿人，今后一段时间还将继续增加。解决不断增加的众多人口

的吃饭问题，保证国家粮食安全是我国的基本要务，也是农业发展的基本任务。随着农业劳动力不断向二三产业转移，以家庭农场为主体的粮食适度规模经营将成为农业生产的主要方式。为提高农民收入水平，增加农业基础设施投入，支持种植大户、家庭农场、农民合作社等新型农业经营主体的发展，国家有必要给予粮食家庭农场等新型经营主体补贴。

1. 粮食安全的需要

我国 13.74 亿人口的粮食需求问题，不可能完全依赖进口，粮食需求的绝大部分必须实现自给，口粮必须自给，饭碗必须端在自己手里。但我国的粮食生产问题不容乐观，存在许多制约因素，危及我国的粮食安全。

（1）土地等自然资源的约束，影响到粮食安全。土地在人类社会经济发展中具有不可替代的作用，而我国耕地由于社会经济发展的需要，城市扩张、交通建设等非农建设每年都必须占用一定量的耕地，导致耕地逐年减少。

我国耕地不仅在数量上逐年减少，而且质量上也在不断下降。第二次全国土地普查表明，我国耕地质量偏低，优等地、高等地比例太少，仅占全国耕地面积的 29.4%，中等地占全国耕地面积的 52.9%，低等地占全国耕地面积的 17.7%，中等地和低等地所占比例过高，达到 70.6%。土壤侵蚀严重，中国现有土壤侵蚀总面积 294.91 万平方公里，占国土总面积的 31.12%，其中耕地面积 481 万亩。

水资源严重短缺，我国是世界上淡水资源缺乏的 13 个国家之一，尽管我国淡水资源总量居世界第 6 位，但人均占有量偏低，仅有世界人均占有量的 1/4，居世界第 121 位。农业是用水大户，粮食生产是离不开水的，目前制约我国农业生产的主要因素是水，缺水直接影响到我国的粮食安全。我国人多水少，而且水资源时空分布不均匀，旱涝交替。调查表明，我国每年因干旱而造成的粮食损失多达百亿公斤，占各种自然灾害损失总计的六成左右。

各种制约我国农业生产的因素等导致我国的粮食安全形势不容乐观。尽管我国从 2004 年实行粮食补贴政策以来，连续 12 年实现粮食增产，2015 年全国实现粮食产量 6.2 亿吨，人均粮食 452 公斤。但粮食安全的弦一刻也不能松，对粮食的补贴政策不能取消，还要继续补贴，鼓励种粮大户、家庭农场多生产粮食，以实现我国粮食生产方式的转变和保证国家粮食安全。

（2）粮食生产成本的增长，收益的减少，危及粮食安全。从表 50 中可以看出，农业生产资料价格指数从 2004 年到 2014 年，只有两年的指数少于 100，其他年份都是大于 100，说明农业生产资料的价格是同比上涨的；特别是 2008 年，指数达到 120.3，上涨 20.3%，其中化肥上涨 31.7%，农药及农业机械上涨 8%，农用机油上涨 11.3%，农业生产服务上涨 10.3%。

表 50　农业生产资料价格指数（上年＝100）

年份	总指数	化肥	农药及农药械	农用机油	农业生产服务
2004	110.6	112.8	103.0	108.4	—
2005	108.3	112.8	104.1	111.1	—
2006	101.5	100.1	101.6	113.4	107.8
2007	107.7	103.4	101.4	105.3	109.7
2008	120.3	131.7	108.0	113.1	110.3
2009	97.5	93.7	100.1	94.4	107.9

年份	总指数	化肥	农药及农药械	农用机油	农业生产服务
2010	102.9	98.6	100.4	110.3	104.3
2011	111.3	113.1	102.6	110.8	108.3
2012	105.6	106.6	102.4	104.2	108.3
2013	101.4	97.7	101.6	100.5	106.5
2014	99.1	94.2	101.2	98.2	104.0

资料来源：《中国统计年鉴（2015）》。

表51　农产品生产者价格指数（上年＝100）

年份	总指数	种植业指数	谷物	小麦	稻谷	玉米
2004	113.1	115.9	128.1	131.2	136.3	101.6
2005	101.4	101.6	99.2	96.4	116.9	98.0
2006	101.2	104.5	102.1	100.1	102.0	103.0
2007	118.5	109.8	109.0	105.5	105.4	115.0
2008	114.1	108.4	107.1	108.7	106.6	107.3
2009	97.6	102.9	104.9	107.9	105.2	98.5
2010	110.9	116.6	112.8	107.9	112.8	116.1
2011	116.5	107.8	109.7	105.2	113.3	109.9
2012	102.7	104.8	104.8	102.9	104.1	106.6
2013	103.2	104.3	103.1	106.7	102.2	100.2
2014	99.8	101.8	102.7	105.1	102.2	101.7

资料来源：《中国农村统计年鉴（2006）》，《中国农村统计年鉴（2010）》，《中国统计年鉴（2015）》。

由表51可以看出，小麦价格在2004年有个较大的涨幅，小麦价格比上年涨31.2%，第二年价格有所回落，2007年开始涨幅比较平稳，每年5%—7%。稻谷价格2004年比上年涨36.3%，2005年上涨16.9%，这两年价格涨幅较大，此后的年份价格涨幅比较平稳，每年5%左右，2010—2011年每年涨13%左右，2012—2014年度，价格涨幅不大。

玉米价格在 2007 年和 2010 年价格涨幅较大，分别达到 15% 和 16%，其他年份价格比较平稳，个别年份甚至有所下降。三大粮食作物，从 2004 年以来，价格都有上涨，特别是稻谷和小麦涨幅较大，但同时农业生产资料的价格上涨了。

　　由表 52 可以看出，2004 年农民的农业收入增长 19.28%，远远小于小麦和稻谷的价格上涨幅度，2007 年和 2010 年玉米价格的上涨也带来农民农业收入的增长。但我国目前粮食价格已经高于国际市场，小麦、大米、玉米和大豆等主要农产品最近几年国内的价格比国际市场价格高出 30%—50%，个别品种达到 60%。国内粮食价格上涨的空间已经非常有限了，依靠提高粮食的价格来增加农民的收入几乎是不可能了，生产成本的增加和收入的减少，直接威胁到农业生产和粮食安全。

表 52　农民人均年纯收入和农业收入

年份	农民人均年纯收入（元）		农业收入（元）	
	绝对数	增长率 %	绝对数	增长率 %
2004	2936	11.98	1057	19.28
2005	3255	10.87	1098	3.90
2006	3587	10.20	1160	5.63
2007	4140	15.42	1304	12.44
2008	4761	15.00	1427	9.45
2009	5153	8.23	1498	4.97
2010	5919	14.87	1723	15.06
2011	6977	17.87	1897	10.05
2012	7917	13.47	2107	11.08
2013	8896	12.37	—	—

年份	农民人均年纯收入（元）		农业收入（元）	
	绝对数	增长率 %	绝对数	增长率 %
2014	9892	11.20	—	—
2015	10772	8.90	—	—

数据来源：据《中国统计年鉴（2004—2015）》，《中华人民共和国 2015 年国民经济和社会发展统计公报》的数据计算，《中国统计年鉴（2013—2015）》不再统计农业收入，因此缺乏2013—2015 年的农业收入数据。

（3）粮食生产价格的大起大落危及粮食安全。随着人们消费水平的提高，由于恩格尔定律的作用，食品消费所占的比例不断下降，粮食消费在总消费中的比例越来越小，对粮食价格变化的敏感度越来越低，粮食的需求价格弹性越来越小。而随着经济发展和社会进步，经济主体自由选择的能力不断增强，职业转移的成本越来越低，非农就业的工资不断上升，会导致粮食的生产（供给）价格弹性越来越大。如果粮食价格下跌，农民就会选择种植效益更高的蔬菜、瓜果等经济作物，或者完全转移到非农产业，必然导致粮食生产的大幅度减少，也就是说，生产者对于粮食的价格变化比较敏感，粮食的生产（供给）价格弹性比较大。粮食的需求价格弹性小于供给价格弹性，会形成发散型蛛网，导致粮食生产波动越来越大。粮食是人类生存的基础，需求具有刚性，一旦粮食短缺，必然造成社会恐慌，容易导致整个社会经济运行混乱。为避免这种情况的发生，保证粮食供给稳定，国家就有必要对粮食生产进行补贴，以生产出足够的粮食来满足社会需要。

2.增加农民收入的需要

增加农民收入，是促进农村经济发展、农民生活改善和农村社会稳定的必然要求，是扩大内需拉动经济增长的强大动力，是全面建成小康社会、实现共同富裕、建设社会主义新农村的迫切要求，是社会主义本质的必然要求，是政府的必要责任，关系到国民经济和社会发展的全局。

（1）粮食生产收益低于蔬菜、水果生产的收益。由表53可以看出，粮食种植收益远远低于蔬菜和苹果的种植收益。2008—2011年种植粮食的亩净利润处于上升阶段，2011年达到最高亩净利润250.76元，2012—2013年开始明显下降，2013年亩净利润下降到72.94元。2008—2011年粮食种植成本利润率基本没有什么变化，维持在32%—33%的水平上，2012—2013年下降明显，到2013年粮食种植的成本利润率仅为7.11%。小麦种植的亩净利润2013年甚至下降为负值，亩净亏损12.78元，成本利润率为负的1.4%。2008—2010年种植苹果的亩净利润从1945.52元上升到5031.68元，此后有所下降，到2013年为3246.72元。种植苹果的成本利润率由2008年的86.18%上升到2010年的130.71%，随后开始下降，到2013年降为66.33%。种植苹果的亩净利润和成本利润率都远远高于种植粮食。种植蔬菜的亩净利润，从2008年的1881.69元上升到2010年的2776.89元，随后两年有所下降，2012年下降为2455.00元，但2013年又上升为2852.27元，超过了2010年的水平。种植蔬菜成本利润率由2008年的84.91%上升到2010年的102.90%，随后有所下降，2013年降为70.41%。种植蔬菜的亩净利润和成本利润率也是远远高于种植粮食。可以看出，不管是苹果还是蔬菜的种植效益都远远高于粮食，为增加种粮农民的收入，需要对种粮的农民包括家庭农场进行补贴。

表 53 粮食、小麦、玉米、苹果、蔬菜单位面积净利润及成本利润率

年份（年）			2008	2009	2010	2011	2012	2013
粮食	亩净利润	（元）	186.39	192.35	227.17	250.76	168.40	72.94
	成本利润率	（%）	33.14	32.04	33.77	31.70	17.98	7.11
小麦	亩净利润	（元）	164.51	150.51	132.17	117.92	21.29	−12.78
	成本利润率	（%）	33.00	26.54	21.36	16.56	2.56	−1.40
玉米	亩净利润	（元）	159.22	175.37	239.69	263.09	197.68	77.52
	成本利润率	（%）	30.42	31.82	37.89	34.43	21.39	7.66
苹果	亩净利润	（元）	1945.52	2941.28	5031.68	4611.99	4026.89	3246.72
	成本利润率	（%）	86.18	83.54	130.71	110.85	84.86	66.33
蔬菜	亩净利润	（元）	1881.69	2087.83	2776.89	2557.67	2455.00	2852.27
	成本利润率	（%）	84.91	90.36	102.90	85.84	67.36	70.41

数据来源：《全国农产品成本收益资料汇编（2014）》。

（2）农民收入低于城镇居民收入。随着社会经济的发展，当非农就业机会越来越多，当就业越来越容易的时候，农户选择务农还是非农就业，务农的收入与非农就业收入的比较是重要影响因素。当务农收入小于非农就业的收入时，理性的农民就会选择放弃务农，非农就业的转移成本越低，农民非农就业的积极性就越高。愈来愈多的农民放弃农业而选择非农就业。如表 54 所示，城乡居民人均收入比从 2007 年到 2015 年不断降低，从 3.33 降到 2.89，尽管城乡居民收入差距有所缩小，但二者相差还是很大。作为理性的农民，只要到城镇务工的收入高于农村务农的收入，农民就会选择放弃农村。

表54　2007—2015年全国城乡居民人均收入比较

（单位：元）

年份（年）	2007	2008	2009	2010	2011	2012	2013	2014	2015
城镇	13786	15781	17175	19109	21810	24565	26955	29381	31195
农村	4140	4761	5153	5919	6977	7917	8896	9892	10772
城乡居民人均收入比	3.33	3.31	3.33	3.23	3.13	3.10	3.03	2.97	2.89

数据来源：《中国统计年鉴（2015）》，《中华人民共和国2015年国民经济和社会发展统计公报》。

随着农业劳动力向二三产业的转移，粮食的适度规模经营成为农业生产的主要方式，为保证国家粮食安全，支持种植大户、家庭农场、农民合作社等新型农业经营主体的发展，国家有必要给予粮食家庭农场等新型经营主体补贴。

3.增加农业基础设施投入，提高投入的效率

农业基础设施投入是指为农业生产过程中必需的基础性的对农业生产发展具有重大作用的物质条件的投入。主要包括用于道路、高标准农田基本建设、烘干设施、仓储设施建设和机井等水利设施的投入。农业基础设施投资具有明显公共物品的属性，既具有非竞争性和非排他性，也具有明显的正的外部性，农业基础设施投资收益不能被投资者所独享，而极易分散为其他非投资者所分享，单个的农户不愿投资。农业投资数额较大，投资期限长，从事小规模分散生产的农户也没有能力投资。农业的基础性、公益性，农业基础设施的公共物品性使农业缺乏对资金的吸引力，而农业基础设施投资又是农业所必需的，政府有必要对农业基础设施进行投资。尽管我国对农业基础设施的投资逐年增加，但我国目前的农业基础设施还是比较薄弱，需要进一步加大对农业基础设

施的投资。① 家庭农场日益成为我国粮食生产的主力军，对家庭农场的补贴就是对农业的补贴。由于家庭农场规模大，农业基础设施的改善与家庭农场的收入紧密相关，家庭农场具有对农业基础设施投资的动力，对于农业基础实施的投资基本能被家庭农场所独享，家庭农场主具有极大的农业基础设施投资的积极性。

从调研的 53 家家庭农场来看，都特别重视对基础设施的投资。通过课题组的调研数据显示，道路修建投资共计 211.74 万元、仓储设施投资共计 1011.60 万元、水利设施共计 291.59 万元、晾晒场地投资共计 167.76 万元和其他设施投资共计 96.92 万元，平均每个农场投入 33.58 万元。这对家庭农场来讲资金压力比较大，而粮食生产由于比较利益低，资金短缺的矛盾更为突出。由于家庭农场具有极大的农业基础设施投资的积极性，因此，通过给予家庭农场补贴，加大对我国农业基础设施的投入，其投资的效率比政府单独对农业基础设施进行投资要高得多。为促进家庭农场等新型经营主体的发展，提高我国农业基础设施水平，提高投入效率，需要政府对家庭农场的基础设施投入给予补贴。

表 55　粮食家庭农场基础设施投入情况

（单位：万元）

家庭农场数量	道路修建	仓储设施	水利设施	晾晒场地	其他设施	基础设施投入总额
53	211.74	1011.60	291.59	167.76	96.92	1779.61

数据来源：调查问卷。

---

① 参见魏琪嘉：《稳步发展家庭农场　推进农业经营组织化建设》，《宏观经济管理》2013 年第 6 期。

（二）粮食家庭农场补贴的种类

粮食家庭农场补贴是指家庭农场获得的各种形式的现金和实物补贴，包括普通农户可以得到的农业补贴、支持规模经营等新型经营主体发展补贴、奖励，当然也包括专门用于支持粮食家庭农场发展的补贴和奖励。

对粮食家庭农场的补贴归根结底是对粮食生产的补贴，通过支持规模经营、降低粮食生产成本，提高粮食生产效益，稳定粮食的产量，确保国家粮食安全。家庭农场补贴主要是解决家庭农场发展中的一些困难，提高家庭农场的生产条件，提高家庭农场的物质技术装备水平。[①] 家庭农场补贴是政府对农业基础设施的投入，主要用于高标准农田基本建设、烘干设施和仓储设施建设、机井等水利设施建设等。

在实践中，有些针对粮食生产的补贴如以前的农业三项补贴和现在的农业支持保护补贴，有的家庭农场没有得到，而是由土地承包农户领取，但依然可以看作是家庭农场补贴，因为这部分补贴已经体现在土地租金上了，如果土地流转双方约定，三项补贴（农业支持保护补贴）归出租土地的农民所有，那么土地租金会便宜些，差额就是三项补贴（农业支持保护补贴）的数额。

1. 适度规模经营补贴

由于我国农业生产经营规模小，生产效率低，导致我国农业生产成本高、效益低。因此，加快转变农业发展方式，建设国家粮食安全、农业生态安全保障体系，迫切需要加大对粮食适度规模经营的支持力度，促进农业可持续发展。粮食适度规模经营补贴主要向种粮大户、家

---

① 参见董亚珍、鲍海军：《家庭农场将成为中国农业微观组织的重要形式》，《社会科学战线》2009 年第 10 期。

庭农场、土地股份合作社、农民合作社、农业社会化服务组织、农业企业等新型的经营主体倾斜。

（1）现金直补。现金形式的补贴一般包括：规模经营补贴一般在40—80元/亩；土地流转补贴，平均100—200元/亩；高标准农田建设，一亩最高补贴500元；建设烘干设施和储存设施，国家补贴30%。土地流转补贴、高标准农田基本建设、烘干设施和存储设施建设补贴等一次性补贴，节省了家庭农场的资金支出，解决了家庭农场发展中的一些困难，对家庭农场规模的扩张具有正面影响。规模经营补贴是年度性补贴，对适度规模有两个相互冲突的影响。① 一方面，在家庭农场公平收入一定的条件下，随着补贴的增加，家庭农场的适度规模应该减少；另一方面，由于补贴增加相当于收入增加，家庭农场有扩张规模的内在要求。因此，为达到家庭农场的适度规模经营，避免家庭农场规模过大，造成不公平，山东省对规模经营的补贴标准是50—200元/亩，超过200亩以上的部分没有补贴。因此，规模经营的现金补贴是有利于实现公平条件下的粮食适度规模经营，避免家庭农场的规模过度扩张。

（2）实物补贴。实物补贴主要是机械和化肥。补贴化肥的作用与现金补贴类似，折算为金额列入现金补贴。机械补贴直接影响机械劳动组合，间接影响土地规模。因此，政府奖励给家庭农场的机械能够促进家庭农场规模的扩张。

2. 粮食生产一般补贴

粮食生产一般补贴是指粮食生产者，包括普通农户、专业大户和粮食家庭农场同等享有的补贴。我国现有的粮食生产补贴主要有以下几种。

---

① 参见伍晨晨、戴选举、高志强：《种植类家庭农场的支撑保障体系建设》，《农业工程》2016年第1期。

（1）农业支持保护补贴。2015 年，财政部、农业部改革试点的主要内容是将农业"三项补贴"合并为"农业支持保护补贴"，政策目标调整为支持耕地地力保护和粮食适度规模经营。农业支持保护补贴，平均补贴资金约为 120 元 / 亩。农业"三项补贴"政策的这一调整等于明确：在规模经营条件下，补贴须由土地流入方领取。虽然这会对土地租金产生影响，但还是会提高规模经营主体的积极性，提高补贴资金的使用效益。

（2）农机购置补贴。农机购置补贴从 2004 年开始试行，2008 年扩展到全国，2015 年中央财政资金补贴机具种类范围缩小为 11 个大类 43 个小类 137 个品目。农机具的补贴标准为：一般机具的补贴额不超过 5 万元；烘干机单机补贴额不超过 12 万元；100 马力以上大型拖拉机、高性能青饲料收获机、大型免耕播种机、大型联合收割机、水稻大型浸种催芽程控设备单机等补贴额不超过 15 万元；200 马力以上拖拉机单机补贴额不超过 25 万元。农机购置补贴从 2004 年的 7000 万元，增长到 2015 年的 236.45 亿元，累计投入 1420.15 亿元。农机购置补贴提高了家庭农场的机械化水平，提高了劳动生产率，有助于扩大家庭农场经营的规模（见图 14）。

（单位：亿元）

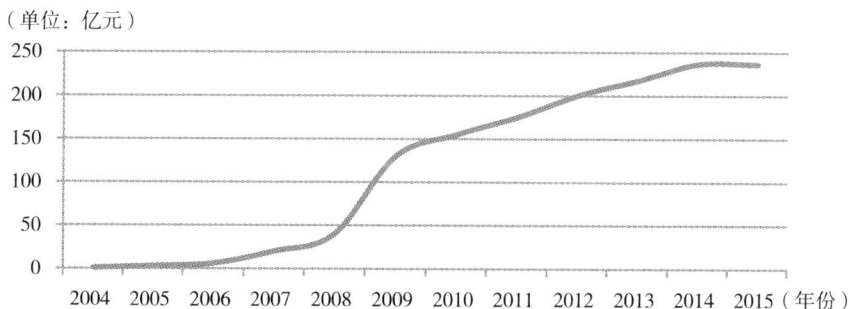

图 14 2004—2015 年中央财政农机购置补贴

数据来源：财政部网站。

二、中央政府和典型地区的粮食生产补贴情况

（一）中央政府粮食生产补贴情况

2014 年 11 月，中共中央办公厅、国务院办公厅印发了《关于引导农村土地经营权有序流转发展农业适度规模经营的意见》表示，扶持粮食规模化生产，加大粮食生产支持力度，原有粮食直接补贴、良种补贴、农资综合补贴归属由承包农户与流入方协商确定，新增部分向粮食生产规模经营主体倾斜。在有条件的地方开展按照实际粮食播种面积或产量对生产者补贴试点。对从事粮食规模化生产的农民合作社、家庭农场等经营主体，符合申报农机购置补贴条件的优先安排。探索选择运行规范的粮食生产规模经营主体开展目标价格保险试点。抓紧开展粮食生产规模经营主体营销贷款试点，允许用粮食作物、生产及配套辅助设施进行抵押融资。[①] 粮食品种保险要逐步实现粮食生产规模经营主体愿保尽保，并适当提高对产粮大县稻谷、小麦、玉米三大粮食品种保险的保费补贴比例。各地区各有关部门要研究制定相应配套办法，更好地为粮食生产规模经营主体提供支持服务。

2015 年 5 月，财政部、农业部印发《关于调整完善农业三项补贴政策的指导意见》的通知，将从农资综合补贴中调整 20% 的资金，加上种粮大户补贴试点资金和农业"三项补贴"增量资金，按照全国统一

---

① 阚凯：《扶持家庭农场的财税政策研究》，吉林财经大学硕士学位论文，2014 年。

调整完善政策的要求，用于支持粮食适度规模经营。

2015 年 7 月，财政部、农业部、银监会联合印发《关于财政支持建立农业信贷担保体系的指导意见》（财农〔2015〕121 号）的通知，以推进财政支持建立农业信贷担保体系相关工作，建立健全省级农业信贷担保体系为重点，逐步建成覆盖粮食主产区及主要农业大县的农业信贷担保网络，推动形成覆盖全国的政策性农业信贷担保体系，为农业尤其是粮食适度规模经营的新型经营主体提供信贷担保服务，切实解决农业发展中的"融资难"、"融资贵"问题，支持新型经营主体做大做强，促进粮食稳定发展和现代农业建设。

2016 年 4 月 18 日，财政部、农业部印发《关于全面推开农业"三项补贴"改革工作的通知》（财农〔2016〕26 号），在全国推行三项补贴改革，支持耕地地力保护和粮食适度规模经营。

（二）典型地区的粮食生产补贴情况

1. 吉林省延边州家庭农场补贴情况

延边州政府出台了多项对家庭农场的扶持政策。其中，延边州政府实行开放性的补贴政策，加强对家庭农场资金的支持力度。为加快家庭农场的快速发展，从多个方面采取补贴、扶持等形式。在延边州登记的家庭农场享受的农业补贴政策，不仅包括享受农机购置补贴，国家的各项农业补贴都会在延边州家庭农场发放，并且这些补贴政策的实施并不会因为户籍的原因而受到限制。

另外，为保证经营家庭农场的家庭农场主获利，延边州政府实施积极的税收优惠政策来保证家庭农场的经济效益，鼓励家庭农场积极开展生产，并且对家庭农场内自行生产的农产品在销售的过程中实行免征增值税的政策扶持；直接用于农林牧业的生产用地免缴城镇土地使用税；对建设专门为农业生产服务的生产设施时，免征耕地占用税，其中包括：农村集体林地、牧业用地、农田水利用地、养殖水面以及渔业水域滩涂等农用地等。

延边州政府对家庭农场实行财政贴息扶持政策，着力解决家庭农场的资金问题。2011—2014 年试点期内，经营水田、蔬菜和经济作物50 公顷以上、旱田 100 公顷以上的"家庭农场"的贷款利息，由政府给予 60% 的补贴，其中州和县市各占 30%。另外，加强对家庭农场农作物的保险保费补贴，以保障在遇到自然灾害时，家庭农场主的经济利益损失不大。政府通过提高保额以及提高理赔金额来加大对家庭农场的补贴额度。

2. 安徽省郎溪县家庭农场补贴情况

为了促进郎溪县家庭农场的发展，郎溪县政府通过减免税收、加大财政的补贴力度等优惠措施保证了家庭农场的稳定发展。从郎溪县每年对家庭农场的财政补贴上，我们可以看到，每年都会有将近 1000 万元的家庭农场发展专项扶持基金，可见政府对郎溪县家庭农场发展的支持力度之大。

郎溪县政府积极推动示范家庭农场的模范带头作用，把家庭农场的发展当作政府工作的一项重要内容，通过在全县经济会议上的表彰奖励来带动全县家庭农场主的积极性，累计投入资金 700 余万元来整合示范家庭农场农业开发、农机补贴等方面的需求，并且取得了良好的效果。自 2009 年以来，郎溪县政府积极培育地区示范性家庭农场，通过"一村一个典型"的思路以及"一村一品"的经营方式，累计培育比较具有规模的示范家庭农场 54 个，发放奖励资金 16.2 万元。[1]

同时又结合"全国农技推广体系示范补助"等项目，连续四年优选了 20 个家庭农场进行扶持，累计投入资金 270 万元。[2]

3. 上海市松江家庭农场补贴情况

在上海市松江家庭农场的发展过程中，政府为松江模式的发展提供了众多便利支持，起到了不可替代的作用。政府通过一系列的财政补贴政策，既推动了家庭农场稳步发展，又保证了家庭农场的经济效益。由财政出资 2 亿多元来改善农业基础设施，为松江地区推广家庭农场打下了坚实的基础。另外，松江地区对农机的财政补贴也不断扩大，对全区内的家庭农场农机总价按 50% 到 70% 进行补贴。并且，政府为扶持家庭农场的发展，还积极为家庭农场提供贷款扶持，由政府出资来实施优惠贷款和保险，为经营状况良好的家庭农场提供无担保贷款资金，这极大地促进了家庭农场主发展家庭农场的积极性，为家庭农场在松江地区的发展提供了完善的政策支持。

松江区政府通过不断提高粮食种植的财政补贴政策来促进粮食家庭农场的发展。松江区农业局和财政局的公报显示，截至 2013 年 3 月，松江区财政局与农业局对那些通过土地流转而得到耕地的家庭农场予以每年每亩土地 100 元的补贴，而对用于种植粮食作物的粮食家庭农场给予额外 100 元的补贴；自 2013 年 3 月起，松江区扩大了对粮食家庭农场的补贴范围，新出现的补贴项目有：机械化耕播收补贴、新型农业生

---

[1]　参见朱立志、陈金宝：《郎溪县家庭农场 12 年的探索与思考》，《中国农业信息》2013 年第 14 期。

[2]　参见黄卫东：《社会政策支持视角下的家庭农场发展研究》，安徽大学硕士学位论文，2015 年。

产技术的推广以及粮食秸秆的环保处理等。松江区财政局与农业局调查显示，松江区为粮食家庭农场共提供了 2607 万元补贴款，其中，中央财政承担了 14%，上海市财政部门承担了 40%，松江区财政部门承担了 46%。松江区粮食家庭农场由国家财政所带来的各项补贴收益占到这些粮食家庭农场年净收益的 60%，很大程度上提高了松江区粮食生产家庭农场的劳动积极性，推进了松江区粮食生产家庭农场的模式改革进程，同时也大幅提高了松江区的粮食作物产量。①

（三）山东省粮食家庭农场补贴政策

1. 山东省对粮食家庭农场的补贴政策

山东省大力支持粮食家庭农场的发展，在中央政策的基础上出台了一系列支持粮食家庭农场发展的政策。支持粮食适度规模经营，对粮食家庭农场进行补贴，并且加强全省农业信贷担保体系建设，发展省市县三级农业、供销担保公司，强化金融支持机制，解决家庭农场在粮食适度规模经营中的"融资难"、"融资贵"问题。山东省委办公厅、省政府办公厅印发了《关于引导农村土地经营权有序流转发展农业适度规模经营的实施意见》（鲁办发〔2015〕20 号），加大对专业大户、家庭农场、农民合作社、龙头企业及农业社会化服务组织的扶持力度，将家庭农场作为新型农业经营主体的重要组成部分，在涉农建设项目、财政补贴、信贷支持、农业保险等相关政策上予以支持。2015 年 10 月，山东省财政厅、农业厅印发《关于做好 2015 年种粮大户和种粮家庭农场补贴资金发放工作的通知》（鲁财基〔2015〕8 号），要求各市根据《关于

---

① 参见夏明辉、何东：《上海松江：家庭农场孕育生机》，《中国城乡金融报》2013 年 2 月 17 日。

调整完善农业三项补贴政策的实施意见》（鲁财农〔2015〕26号），将
补贴资金用于发展粮食规模生产经营。为支持主要粮食作物的适度规模
生产经营者，体现出"谁多种粮食，就优先支持谁"的方针，针对粮食
家庭农场，山东省政府以小麦的种植面积为依据制定补贴标准。种植面
积50亩以上、200亩以下的，每亩按照60元标准进行补贴；200亩及
以上的，每户限额补贴1.2万元，防止"垒大户"，并且通过齐鲁惠民
"一本通"，直接发放到适度规模经营者存折账户。

表56　2015年山东省种粮大户、种粮家庭农场补贴政策

补贴依据	种植小麦的，以小麦种植面积为补贴依据； 种植单季水稻的，以水稻种植面积为补贴依据。
补贴标准	经营土地面积50亩以上、200亩以下的，每亩补贴60元； 200亩及以上的，每户限额补贴1.2万元。
补贴形式	通过齐鲁惠民"一本通"直接发放到适度规模经营者存折账户。
补贴用途	发展粮食规模生产经营。
资金来源	20%的农资综合补贴存量资金； 种粮大户补贴试点资金； 农业"三项补贴"增量资金。

资料来源：山东省财政厅、农业厅发布《关于做好2015年种粮大户和种粮家庭农场补贴资金发
　　　　放工作的通知》（鲁财基〔2015〕8号）。

2. 山东省各地市家庭农场补贴政策

山东省有6个地市在中央、省扶持政策基础上，出台了自己对家庭
农场的支持政策，其他地市也对执行中央、省政策做出了明确安排。

表 57　山东省 17 个地市家庭农场发展政策

地区	政策
济南	执行山东省家庭农场补贴政策。同时在实施农业开发、优质粮食建设等农业项目时，同等条件下优先投放；购买大型农机具时，给予优先补贴；开展农村职业教育时，给予优先培训
青岛	执行山东省家庭农场补贴政策
淄博	执行山东省家庭农场补贴政策
枣庄	执行山东省家庭农场补贴政策
东营	执行山东省家庭农场补贴政策，同时针对家庭农场主进行新型职业农民培育，按培训类型，每年以人均 800 元、3000 元两个标准予以补助
烟台	执行山东省家庭农场补贴政策
潍坊	执行山东省家庭农场补贴政策，同时重点通过参股、贴息、奖补等方式支持家庭农场改善生产经营条件
济宁	执行山东省家庭农场补贴政策，同时市政府加大对家庭农场的奖励补助，对投资规模不少于 30 万元、土地经营规模 200 亩以上、在工商部门办理注册登记、生产管理方式先进规范的家庭农场，验收合格后每处给予 10 万元补助
泰安	执行山东省家庭农场补贴政策
威海	执行山东省家庭农场补贴政策
日照	执行山东省家庭农场补贴政策，同时根据《日照市家庭农场市级示范场评定及监督暂行办法》对各级涉农项目、人才培养、信贷资金等优先支持市级示范场
莱芜	执行山东省家庭农场补贴政策
临沂	执行山东省家庭农场补贴政策，同时根据《临沂市耕地保护、种粮大户和家庭农场补贴政策 2015 实施方案》，以小麦种植面积为补贴依据，且压茬种植玉米、水稻或其他作物。种植单季水稻的，以水稻种植面积为补贴依据；通过齐鲁惠民"一本通"直接发放到适度规模经营者存折账户
德州	执行山东省家庭农场补贴政策
聊城	执行山东省家庭农场补贴政策
滨州	执行山东省家庭农场补贴政策
菏泽	执行山东省家庭农场补贴政策

资料来源：山东省各地（市）农业局信息网站。

然而，从总体来看，山东省家庭农场的补贴和扶持政策尚未形成统一的标准，各地对家庭农场的补贴和扶持随意性较强，且补贴渠道不够畅通，人为影响因素较多。

三、粮食家庭农场补贴效应分析

（一）粮食生产适度规模经营补贴现状

通过抽样调查，对山东省平度市、曹县、滕州市、莱西市、济阳县、曲阜市、宁津县、莒县、巨野县和垦利县 10 个县、市进行调研，共调研 53 份家庭农场的有效问卷，家庭农场适度规模经营补贴（不包括农业四项补贴）情况如表 58 所示。

表 58　调研中选取的山东省各地家庭农场补贴情况

序号	家庭农场地区	补贴形式	金额（元）	补贴年份（年）	补贴说明	补贴来源
1	曲阜	现金	70000 23900	2013	家庭农场 7 万元，种粮大户 2.39 万元	市政府
2	济阳	现金	80000	2014	济南市家庭农场扶持 8 万元	市政府
3	垦利		100000	2014	市级示范家庭农场奖励	县农业局
4	垦利	现金	20000	2013	家庭农场补贴	县政府
5	垦利		80000	2013	种粮大户 100 元/亩	县政府
6	平度	实物	15000	2013	播种机 3 台	市政府
7	平度	现金	20000	2013	种粮大户补贴	市政府

序号	家庭农场地区	补贴形式	金额（元）	补贴年份（年）	补贴说明	补贴来源
8	莱西	现金	100000	2013	家庭农场	市政府
			230000	2014	扶持补贴	
9	滕州	实物	12000	2013	喷灌设备 6 台	市政府
10	滕州	现金	20000	2014	家庭农场补贴	市政府
		实物	120000	2014	播种机 40 台	肥料公司
11	滕州	现金	40000	2013	家庭农场补贴	市政府
12	滕州	实物	5000	2014	播种机 2 台	市政府
13	曹县	现金	6000	2014	种粮大户补贴	县政府
14	曹县	现金	10000	2014	家庭农场补贴	县政府
15	曹县	现金	10000	2013	家庭农场补贴	县政府
16	曹县	实物	1000	2013	打药机	企业
17	莒县	实物	4000	2013	耕作机	企业

数据来源：根据调查问卷资料整理。

从调研的山东省 10 个县市区的 53 个家庭农场所获得家庭农场补贴的数据来看，获得补贴的家庭农场所占的比重不大，仅有 17 个家庭农场获得了补贴，占 32%，其中由政府补贴家庭农场的有 13 个，企业补贴的家庭农场 3 个，农业局补贴的家庭农场 1 个。资金补贴的家庭农场有 12 个，实物补贴的家庭农场有 5 个，共获得播种机 45 台，喷灌设备 5 台，打药机 1 台，耕作机 1 台。表 58 中有些家庭农场享受的补贴是种粮大户补贴，这是因为各地对种粮大户的补贴，种粮家庭农场同样可以享受到，因为种粮家庭农场本身也属于种粮大户。各地对家庭农场的补贴，主要目的是促进家庭农场和种粮大户这种新型农业经营主体的发展。现金的补贴有助于增加家庭农场的资金，改善家庭农场的生产条件，促进家庭农场规模的发展。农业机械的补助，直接改善了家庭农场的生产条件，提高了机械化水平，减轻了家庭农场的资金压力，也有助于家庭农场规模的发展。

（二）补贴效应分析

1. 粮食家庭农场补贴的随意性和不公平性

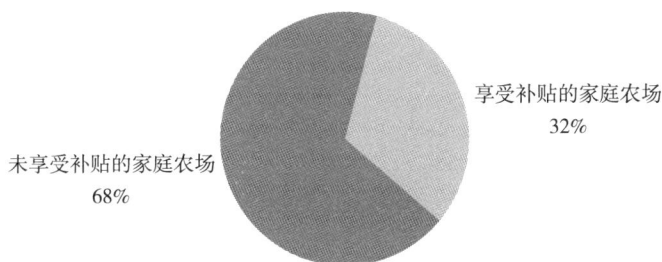

图15　享受补贴家庭农场所占总体比重

数据来源：问卷调查数据。

在实际的家庭农场补贴发放的过程中，存在不透明、条件不明确、程序不规范、随意性比较强的问题，补贴没有惠及全部的家庭农场，具有不公平性。很多真正的家庭农场得不到补贴，限制了家庭农场的健康快速发展。同时，并不是全部的县市区都实施了补贴政策。涵盖山东省10个县市的52个粮食家庭农场中，有补贴的粮食家庭农场有17个，占到全部调研的家庭农场的32%；没有补贴的粮食家庭农场有36个，占到全部调研的家庭农场的68%。现实中，并不是全部的家庭农场在生产经营的过程中得到了政府补贴。领到补贴的家庭农场不到总体调研数量的1/3。

家庭农场补贴的随意性和不公平性的主要原因主要有以下两点。

（1）家庭农场的面积难以核实。截至2015年，山东省工商部门登记注册的家庭农场达4.1万多家，其中农业部门备案的达到20372家。

很多家庭农场的真实性很难得到确认，存在大量"僵尸"家庭农场，也不排除以"家庭农场"名义套取政府补贴现象的存在。这也就导致政府的财政部门无法将家庭农场的补贴全部发放下去，只能够从众多的家庭农场中选取极具代表性的进行补贴，无法对家庭农场的补贴达到100%的覆盖程度。这也让众多生产规模较小、成立时间较短的家庭农场无法得到政府的家庭农场补贴。

家庭农场的面积难以核实，只能够凭借土地流转合同发放。近几年，在国家的大力倡导和鼓励之下，家庭农场迅速发展，各地区土地流转的速度不断加快，家庭农场的数量和规模也随之不断增大。但是在土地流转的过程中，很多家庭农场与普通农户之间的土地流转协议不明确，很多情况下还是以口头方式进行约定，虚假流转合同大量存在，甚至有大量虚假的"僵尸"家庭农场存在，这就导致了很多家庭农场耕地面积的真实性和面积难以核定，并且与登记的家庭农场面积有很大的差距。补贴发放只能够按照土地流转合同的数额进行。逐一核实土地流转合同和合同项下的流转面积成本过高而且难以确保真实。

（2）家庭农场主政策知识、政策水平有限。家庭农场主的政策知识、政策水平偏低，对中央政策一知半解，对地方各级政府的支持政策和工作知之更少。

在调研中我们发现，家庭农场主学历水平多集中在初中、高中，其中初中学历的17人，高中学历的29人，占全部调研人数的86.8%。初中及以下文化程度的家庭农场主有3人，占全部调研人数的5.7%，而接受过中专以上教育的家庭农场主仅有4人，占全部调研人数的7.6%。

家庭农场主学历水平低，导致其信息渠道严重缺乏，很难及时通过网络了解家庭农场补贴政策发放的信息。并且他们对政策的解读相对较慢，不能够准确及时地理解家庭农场补贴政策，进而延误时间，导致没有享受到家庭农场应该享有的补贴。另外，很多家庭农场距离县市区比较远，信息沟通不及时，同时也无法及时从手机、网络上接收到家庭农场补贴的消息通知，也会影响家庭农场补贴政策的发放。与此同时，又存在一批拥有亲友等特殊渠道的家庭农场主，捷足先登获得甚至套取政府补贴。

2. 补贴对粮食家庭农场基础设施投入的影响效果明显

粮食家庭农场补贴在道路、水利、晾晒场地等基础设施建设方面收到了明显效果，达到了补贴目的（见图 16）。

（单位：元）

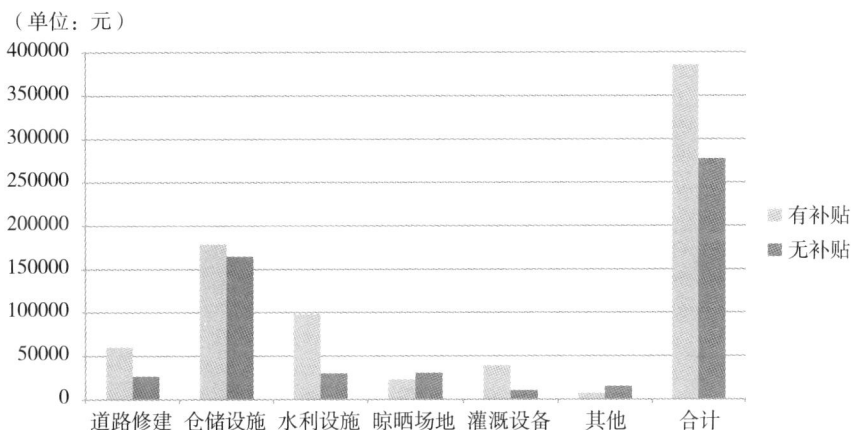

图 16　有补贴与无补贴家庭农场平均基础设施投入比较

数据来源：根据调查问卷资料整理。

调查的 53 个家庭农场中，17 个得到补贴的家庭农场平均基础设施投入 38.53 万元，没有得到补贴的 36 个家庭农场平均基础设施投入 27.75 万元，得到补贴的家庭农场基础设施投入比没得到补贴的家庭农场高 38.85%。其中道路修建有补贴的家庭农场平均投入 6.03 万元，没补贴的家庭平均投入 2.68 万元，有补贴的家庭农场比没补贴的家庭农场高 125%；仓储设施投入，有补贴的家庭农场平均投入 17.90 万元，没补贴的家庭农场平均投入 16.50 万元，有补贴的家庭农场比没补贴的家庭农场高 8.5%；水利设施投入，有补贴的家庭农场平均投入 9.82 万元，没补贴的家庭农场平均投入 3.02 万元，有补贴的家庭农场比没补贴的家庭农场高 2.25 倍；灌溉设备的平均投入，有补贴的家庭农场是 3.90 万元，没补贴的是 1.06 万元，有补贴的家庭农场比没补贴的家庭农场高 2.68 倍；晾晒场地和其他投入，有补贴的家庭农场比没补贴的家庭农场平均投入少，有补贴的家庭农场晾晒场地平均投入 2.32 万元，其他投入 0.73 万元，没补贴的家庭农场晾晒场地平均投入 3.08 万元，其他投入 1.54 万元，有补贴的家庭农场比没补贴的家庭农场分别少 32.8% 和 52.6%。可以看出，有补贴的家庭农场在基础设施的投入上远远高于没有补贴的家庭农场，有补贴的家庭农场在道路修建、仓储设施、水利设施、灌溉设备等方面的平均投入也都比没有补贴的家庭农场高，仅在晾晒场地和其他投入上低于没补贴的家庭农场，有无补贴对家庭农场基础设施投资有显著影响，补贴具有明显效果。家庭农场具有很高的基础设施投资的积极性，通过对家庭农场进行补贴，进而提高农村的公共基础设施水平，改善农业基础设施生产条件，提高投资效率，家庭农场补贴政策效果明显。

3. 补贴对家庭农场的数量增长效果明显，对于家庭农场的规模扩张没有影响

从理论上分析，粮食家庭农场补贴有利于调动农民建设家庭农场的积极性，促进家庭农场规模数量的增加。山东省 2013 年 5 月底，家庭农场数量是 1188 家，2014 年底已增加到 3.8 万家，2015 年底发展到

4.1 万家。山东省家庭农场数量增长迅猛，家庭农场的补贴政策极大地促进了山东省家庭农场的发展。

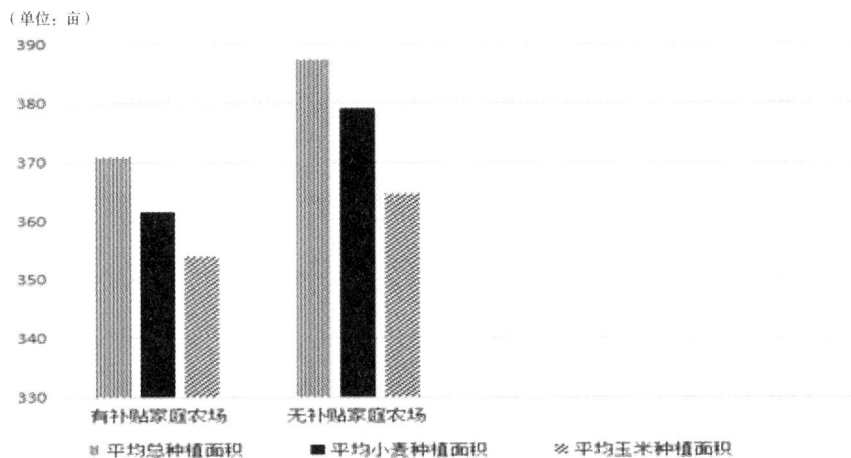

（单位：亩）

图 17　有无补贴家庭农场小麦、玉米平均种植面积

数据来源：问卷调查数据。

通过比较调研中有无补贴家庭农场的平均规模以及家庭农场小麦、玉米的平均种植面积发现，有补贴家庭农场的平均面积为 370.85 亩，小麦、玉米的平均种植面积为 361.47 亩和 353.8 亩，而没有补贴的家庭农场平均面积为 387.25 亩，小麦、玉米的平均种植面积为 378.93 亩和364.44 亩，没有补贴的家庭农场规模反而比有补贴的家庭农场大，补贴并没有扩张家庭农场的规模。究其原因，由于我国农业基础设施条件比较落后，家庭农场主为获得稳定的长期利益，首先要改善农业基础设施条件，资金要向基础设施投入倾斜，因此，家庭农场得到的补贴用于改善农业基础设施了，并没有用于规模的扩张，表现为得到补贴的家庭农场的规模并没有比没得到补贴的家庭农场更大。由此可以得出：山东省粮食家庭农场补贴对粮食家庭农场规模的扩张没有什么影响。

　　山东省为促进粮食家庭农场的发展，出台了必要的家庭农场补贴政策，各县市也积极执行省市的政策，按照省政府发布的家庭农场补贴政策积极开展工作，努力推动山东省粮食家庭农场的快速发展。家庭农场补贴政策对家庭农场的基础设施投入具有明显的促进作用，通过对家庭农场进行补贴，改善农业基础设施条件，政策效果明显。家庭农场补贴政策有力地促进了家庭农场的数量增长，但对家庭农场的规模扩张没有影响。

　　各县、市在粮食家庭农场补贴具体的实施过程中没有形成制度性、系统性的工作程序，信息渠道不畅，透明度不够。由于家庭农场的面积核定困难和家庭农场主对补贴政策的不了解，导致家庭农场补贴发放的随意性比较强，家庭农场补贴政策没有惠及全部的家庭农场，具有不公平性。

第七章　粮食家庭农场发展的政策建议

粮食家庭农场是中国农业发展到一定阶段的必然产物。它承接了小农经济中家庭经营的合理性，以内生化的效率提高和外显化的效果展示赢得了在中国现代农业中的新型农业经营主体地位。同时，由于家庭农场在规模上、专业化程度上更符合时代对农业的期望和塑造，粮食家庭农场将逐渐成为我们对未来农业发展的一个有形寄托。在这样一个发展过程中，无论是从普通农户到家庭农场主这一传统农民到新型职业农民的嬗变，还是粮食家庭农场作为生产单位对国家粮食安全作用的发挥，都需要政府出台相应的有针对性的支持政策。[①]

一、增强政府补贴对塑造粮食家庭农场职能的作用

正在形成和不断完善其职能的粮食家庭农场，承载了中国农业粮

---

① 参见 Job，J.F.，Burtonetal，"Influence of Farm Resource Endowment on Possibilities for Sustainable Development：A Case Study for Vegetable Farms in South Uruguay "，*Journal of Environmental Management*，2005，Vol.78。

食生产的诸多职能，让粮食生产行为更符合人口规模庞大的中国对这个领域的内在要求，这些要求包括粮食生产的稳定性和充足性、粮食生产技术的掌握和示范、粮食生产主体连续经营的能力和意愿等等。

因此，除了尊重市场上资源配置的一般性手段外，还应该和必须利用政府掌握的资源和手段，来巩固农业作为基础产业和支柱产业的地位。① 当前的农业政策支持体系已然非常庞大，在粮食家庭农场这个方向上，可以立即产生效果和取得成绩的是政府补贴的使用，具体来说，包括四个方面内容。

1. 继续加强对粮食家庭农场综合补贴的力度

粮食家庭农场在中国刚刚起步，无论是从业者还是政府部门，实际上是缺少对这部分农业主体的认知和经验的。但从国内外农业经验来看，粮食家庭农场会逐步成为中国粮食生产的中坚力量的事实毋庸置疑，这实际上是从逻辑推演和事实判断出来的一个农业发展方向，初涉此行业的农场主步步小心又满怀希望，政府主管部门则是在顶层设计上给予了肯定，在指导实践时又略显手脚忙乱。

既然方向无误，或者说最起码是能得到政界、学界、产业界各界的统一认知，目前可以使用的最有力的支持手段就是政府补贴。2004年以后，粮食补贴作为一种刺激性财政手段，帮助中国粮食生产取得了12年连增的奇迹。有鉴于此，我们应该继续加强对粮食家庭农场综合补贴的力度，帮助这些新型经营主体有秩序成长。

对粮食家庭农场的综合补贴实际上包含了两层含义：

第一，鼓励、支持规模化经营发展方向，让粮食家庭农场经营者

---

① 参见 Mark，P.，Thirlwell，The Spectre Of Malthus—Lessons From The 2007—08 *Food Crisis*，2009，Vol.2。

有机会获得和当地城镇居民相当的经济收入，并为这个收入获取能力打造坚实的物质基础；

第二，粮食基本上是农业生产中比较效益最低的作物，综合补贴也是对粮食生产付出的机会成本的一个善意补偿，表达政府和社会对粮食生产的一个有力支持。①

上述两层含义，归根结底都是表明了用粮食生产综合补贴的方式来支持粮食生产的根本意图。这既是实践层面对粮食家庭农场的有力支持，也是国家层面扶农强农政策的最直接表现。

涉农综合补贴的存在已经十多年，其补贴效果已经得到了粮食产量的正回馈。在中国政府重视农业、做强农业的初衷不改变的前提下，应该继续坚持这一做法，适当向粮食家庭农场倾斜的同时，在条件允许的情况下加大支持力度。②

在具体实践上，粮食生产综合补贴仍然应该以中央财政为主要支出主体，不建议地方政府就此事项扩大补贴的范围和额度，尤其是严禁地方财政支出形成的粮食生产综合补贴。这个做法主要考虑到两层因素：

第一，明确粮食生产综合补贴的支出主体界限，巩固农业生产在整个社会经济事业中的基础地位，督促中央政府在粮食生产领域的优良做法；

第二，由于各个地方财政资源的差异明显，单独给补贴会造成事

---

① 参见赵庆峰：《家庭农场发展的法律促进机制研究》，西南政法大学硕士学位论文，2014年。

② 参见高芳芳：《家庭农场土地若干法律问题研究》，山西财经大学硕士学位论文，2015年。

实上的不公平，对于粮食生产的整体布局和安排有过多行政扰动。层层补贴容易导致不公平，对此保持一定警惕有合理之处。

这也并不是说地方政府在这一补贴体系中无所作为，这个过程中，地方政府的主要责任在于核实领取综合补贴的家庭农场本身和粮食面积的真实性。这既是保障中央财政资金落到实处的基础，也是建立地方政府威望、信用的诸多手段之一。

2. 有规划有依据地提高生产基础设施建设的补贴效果

中国的所有耕地中，只有 1/3 的面积可以达到当地高产田的标准。中国的农田在贡献了令人惊奇的粮食产量的同时，需要面对肥力急剧下降、水土流失、面源污染等生态问题，同时在 20 世纪中后期大范围大规模的农田基本建设和水利建设之后，中国在农业水利基础设施上的投入，无论是物资还是资金，都有较大的停滞和亏欠。即使近些年对此进行了一定程度上的补偿，但与现实需要还有很大差距。且近些年的水利工程多集中为大江大河的水利建设，直接关乎农业"最后一公里"的基础设施工作开展尚有很大空间。

粮食家庭农场具有较大的农业生产规模，仅就个体而言有非常迫切的提高农业生产基础设施水平的需要，这直接关乎家庭农场粮食生产的便利性、稳定性、抗风险性和盈利能力。直接在本区域兴建各种农业基础生产设施有非常直接的生产效果和经济效果。

农业生产基础设施建设包括农田水利、道路、防风林等的建设，既有国家出资兴建的部分，同时也存在民间投资的事实。对于后者，一方面属于投资主体的自利行为，基础设施对家庭农场的运营有好处；另一方面，在事实上是帮助了中国的农业特别是粮食生产平稳进行，维护的是全社会的根本利益。国家给予一定的补贴理所当然，因为粮食安全永远是中国人头上天大的事情。

对粮食家庭农场兴建的生产基础设施补贴，蕴含三层含义：

第一，国家提倡各种增强农业生产能力的行为，鼓励社会力量对粮食生产的各种投入；

第二，农业生产是一个有计划、讲科学的过程，且基础设施发挥作用的对象不单是经营期间的家庭农场，还有很大的正溢出效益，惠及家庭农场经营期（流转土地）到期以后的农业生产，惠及周边的其他农业生产主体；

第三，补贴是一种激励和抵销部分生产建设成本的努力，不能够也不应该完全代替国家和各级政府在农业生产基础设施领域的应有作为。

在具体的政策设计时，应规定明确的生产基础设施建设的补贴范围、补贴额度，申请和核实的程序。除此之外，还需要注意几个问题：

首先，粮食家庭农场生产基础设施的修建不应该只是一个个体行为，政府部门应该给予规划和技术方面的指导，因为一定区域内的生产设施构造，其效果影响范围与家庭农场的覆盖范围并不是完全重合的，需要通盘考虑。

其次，补贴资金的支出应该以中央财政为主，或者采取确定中央财政支出在基础设施项目中的最低比例，或者规定中央财政的支出额度。地方财政在该项补贴中的支出额度可以不受限制，但总支出应以项目本身需要为上限。

最后，补贴发放应该是单一项目主体较长时间内的单次发放，不应该允许家庭农场反复多次就同一生产基础设施领取补贴行为的发生。

3.体现市场的资源配置能力，发挥政府购买公共服务职能的补贴作用

中国农业生产基础设施建设，主要是由各级政府以财政资金出资建设而成，这是农业领域里的主体投资行为，这种模式保障了中国农业的主导生产力有坚实的基础。同时，应该看到，这种模式不能覆盖农业生产领域的所有需求和项目，即使是主要领域主要项目的投资，如果能够借助市场机制和社会资源，其在效率和效果上的优势已经通过国内外的众多事实予以证明。

因此，在粮食家庭农场的作业范围内，附着在其土地上的农业生产基础设施和依附在家庭农场主经营主体上的各种农业服务项目，可以在某些时候某种程度上被政府购买服务或者对服务提供某种全额或非全额补贴。这样做有四项好处：

第一，提高农业生产基础设施的使用效率和效果，增加其支持生产的覆盖面，填补政府主导农业生产基础设施工作的空白；

第二，丰富粮食家庭农场的经济收入结构，帮助家庭农场主提高经济收入，间接性地支持其粮食生产的稳定性；

第三，服务的针对性更强，直接解决家庭农场自身和周边农业生产的需求；

第四，政府可以用较少的财政支出撬动更多的农业服务，既节约了财政资金，又保障了及时充足的农业服务。

在具体实践中，这部分补贴应该以地方政府财政支出为主，中央财政则应针对不同地区的经济发展水平，分别提供购买农业公共服务的补贴额度，这既牵扯到各地不同的经济发展水平和相应的服务成本，又涉及各个地方财政的负担能力和意愿。其比例的构成和变化，受该项补贴的政策指向和意图所定。目前，我们至少可以表明两种政策指向：增

加农业服务的能力和供给、丰富粮食家庭农场的收入结构。

该项补贴还应有一个组成部分，即特殊事项下的单独申请中央财政补贴。如严重的水灾、旱灾等自然灾害发生时，应该有较多的补贴支出用以帮助粮食家庭农场渡过难关。

整个过程中，我们需要明确一个事项，粮食家庭农场提供的公共服务具有地方性、区域性、个别性、独特性，它的存在不能够替代政府普惠性广覆盖的公共服务义务。

4. 积极落实粮食家庭农场保险补贴，提高家庭农场的防损能力

粮食生产从产业属性上来说，大多数年份（和平年代）不会取得超出平均利润的行业利益，反而会因为市场竞争以及自然风险的存在，担受了很多的经济风险。而一个生产行为的连续进行，其收益的平稳预期非常重要，这与粮食结合在一起，更需要考虑到稳定性在粮食家庭农场经营中多种需求的地位。

在缓和自然风险方面，人类有各种农业生产技术可以利用，在应对市场风险方面，家庭农场的经营能力和政府的扶持态度也是一种不错的选择。即使如此，粮食家庭农场面对的风险仍然不可掉以轻心，除了家庭农场和粮食生产产业自身的弱质性以外，粮食生产面对的自然风险和市场风险都远超我们的一般认识。

因此，利用金融保险手段来减缓和消除风险给粮食家庭农场带来的损失，是一种意向当中、必须而为的手段和方法。

用保险来防范风险在中国已经喊了很多年，可能多数人认为让粮食家庭农场参加保险和过去的让农民参加生产保险没有什么本质的不同，这只是历史上扶农工作的一个延续。但是这二者之间实际上是有着巨大的差异。

对于普通农户的风险来说，产生的损失后果可能是物质供应上的不便利、收入的减少以及生活的难以维持；对于下年度的农业生产来说，重新启动和维持的成本是可以支付的，也就是说，一般性的风险无法打断普通农户的连续性生产行为，特别是在当今政府和社会对普通农户有一定帮助能力的情况下，只是这个帮助限定在维持简单的生活方面，和农业生产没有什么关系。而对于粮食家庭农场经营者来说，以上的描述则根本不正确，其风险所形成的后果和普通农户是两个层面的事情。一旦家庭农场由于各种风险受到损失，除了和普通农户一样在生活上遭遇窘迫外，更大的危机在于风险造成的损失会影响到下一个生产季的行为，如果没有外力给予支持，甚至会导致经营上破产，这意味着粮食生产行为的中断，损失的不只是个人和农场。

因此，在考虑到未来粮食家庭农场逐渐占据农业生产的中坚位置时，强制性要求粮食家庭农场购买粮食生产保险，并在此基础上给予一定的保险补贴，是一个不需要选择和判断的事情，这对普通农户、家庭农场经营者、政府、社会各界都有着积极的意义和必要性。

这是让粮食家庭农场经营性行为得到延续的一项有效手段，为了促进规模化和专业化的粮食生产，家庭农场保险补贴的额度和标准应该大于一般性农户。

保险补贴直接发放至家庭农场手中还是保险公司，目前还不能马上给予统一性的确认。发放至粮食家庭农场经营者手中的好处是，可以在保险公司的进一步竞争中再次获益，但如果考虑到农业生产的自然性特点，这种获益空间也未必乐观。

坚决落实自然风险保险补贴，积极探索市场风险保险补贴，让粮食生产主体有更稳固的保障体系。目前关于自然风险的保险措施，已经在多地有了成功经验，补贴额度是可以计算清楚的。但关于市场风险的保险举措，鲜有成功案例，特别是在粮食生产方面，中央财政在实行了多年的粮食保底价格收购之后，也开始积极探索多种形式的支持粮食生产行为，市场风险主要是价格风险，这方面的探索和尝试应该开始了。①

具体的实践探索上，我们可以考虑在粮食主产区和部分粮食生产规模性经营主体中开展大灾保险试点，既可以新增财政资金进行专项定点扶持，也可以探索将原来的扶农资金进行重新统筹和优化。同时支持地方探索开展各种特色的农产品价格指数保险，积极为整体性、国家性粮食价格指数保险举措出台提供实践基础和数据积累。对于粮食生产规模特别大的主体和地区，除了探索收入保险的实施外，还可以谨慎探索"保险＋期货"的防损模式等。

二、继续引导粮食家庭农场适度规模的形成和稳定

中国农业发展到一定阶段，无论是从现实出发，还是参考农业发达国家的成功经验，农业生产的规模化和专业化需求都会成为一个必然性的选择，即使表面看来，中国土地的细碎化问题在一个狭小的乡村里都无法有效解决和重新安排。

中国民间对中国未来发展大多保持谨慎的乐观，相信一番努力之后的成果回报。与多数学者认知不同的是，中国农村民间充斥了大量的

① 参见胡鞍钢、吴群刚：《农业企业化：中国农村现代化的重要途径》，《农业经济问题》2001年第1期。

调地、换地自发行为，其目的是去除均分土地导致的土地细碎化，而采取事实上更为合理的规模化，即使这个规模小得不到半亩，那与之前的分成多块土地相比较，也是不小的进步和优化。

更为甚者，在中央政府表达出推动土地流转，促进土地规模化经营的政策意图后，国内短时间内出现了大量的规模化农业经营主体，既包含农村自发的有序过程，也不乏通过各种灰色手段占取大量土地资源的资本下乡，其规模之大，令旁观者惊讶。受本书主题限制，不讨论公平、公正与否，仅就部分地区出现的超大规模土地经营的事实来说，这是一个极大的错误，因为任何事物的发展不应该脱离所处的时空限制，中国目前的人多地少是一个长期的事实，而将近一半的大量农村人口要通过土地获取生活的基本资源，违背这些事实，一味地追求规模化，特别是无限制的规模化，是一种事实上的逆势乱为。

好在，中国政府及时发现了这种不良苗头，对前期农业政策指导内容作出了一个重要修正。2014 年末，中共中央办公厅、国务院办公厅出台《关于引导农村土地经营权有序流转发展农业适度规模经营的意见》，其中对适度规模的明确和支持，使得中国的农业政策从理论的平台上不断向生产实际靠近。

中国农业现代化的过程中，我们应该认识到：第一，生产力的提高和进步，规模化、专业化是趋势，是生产力发展的一般要求；第二，生产力的发展不应该脱离时空限制，有其阶段性。

综上两点，对粮食家庭农场提出适度规模的要求既包含了生产上的需要，又符合时代的特征。具体说来，有以下三条。

1. 粮食家庭农场必须有规模方面的上限要求

家庭农场的发展在中国没有很长的时间，以粮食生产为主的家庭农场更是缺少时间的积累。① 无论是政府的政策指导，还是民间的实际作为，对粮食家庭农场来说，都是一种非成熟的体系行为。

家庭农场的出现，在推动土地流转这个政策之后，土地规模的变化，特别是规模的增大，也让土地生产的经营主体有了新的要求，这包括合作社、大户、涉农企业、家庭农场等新型农业经营主体。

在大多数场合，农业主管部门都会力推土地流转，促进规模化、专业化的快速形成。但仔细考虑，这些行政作为都是针对既往土地零散的现实和当下农业现代化发展的基本要求来说的，简单讲，考虑更多的是当前和效率。但是对于未来和效果，特别是在国情之下的现代化路径，则斟酌得不够多。

对粮食家庭农场设置规模方面的上限要求，是对前述文字的一个响应。

粮食家庭农场必须有规模方面的上限要求，这在理论上是出于公平考虑，实践中则积累了大量对规模有适度要求的案例。

首先，规模不设限存在引发土地兼并的恶果。从逻辑上推导，规模上不设限制，在土地流转的推导下，势必会让"土地兼并"现象出现，历史上的经验表明这不是一个好的兆头，而当前的农村人口众多、人地关系紧张的事实，也不允许少数个体土地经营规模的持续扩大。

其次，设置规模上限会倒逼家庭农场经营者把更多精力投入到精细化管理方面。粮食家庭农场是一个市场经济主体，本质上是按照经济规律来运行的。如果不设置规模的上限，资本的嗅觉和作为会推动规模持续扩大，这属于资本的本能。一方面，这不符合我国资源的配置现

① 参见许庆、田士超、徐志刚、邵挺：《农地制度、土地细碎化与农民收入不平等》，《经济研究》2008 年第 2 期。

状；另一方面，规模的持续扩大，会让家庭农场经营者弱化在精细化管理方面的要求，即经济利润来自规模，较少考虑单位效益。

最后，在适度规模基础上设上限，也是改革循序渐进、稳扎稳打的要求。在前几年土地流转的实践中，资本下乡初始没有任何限制，多地出现了千亩万亩的规模化经营，其他因素暂时不讨论，由于经营失败，资本撤出后，超大规模土地的权利复原和救济就成了当地政府最大的事情，这极大耗费了政府的公信力和污化了民间对土地流转的理解。这些地区在很长一段时间内，都不会涉足土地流转的任何事宜，这不符合中央的政策和精神。

具体的适度规模要求，可由省一级政府部门提出指导性意见。更具体的数字和规模要求，由县一级政府部门提出比较妥当。在这里，需要指出的是，粮食家庭农场适度规模经营的上限不能定得太死，要结合当地情况和时代发展要求。

这是因为，第一，中国疆域东西长、南北广，在地域上，各个地方的人地关系、农业资源配置有很大差异，社会经济发展水平也不相一致，而适度规模的提出既有生产力的考虑，也要顾及粮食家庭农场经营者的绝对收入和相对收入水平；第二，中国是农业大国，中国的城市化进程目前仍然在继续，这一过程的不同阶段对农业生产经营的要求会有变化，农业经营主体的自我评估和外在评价也会对适度规模产生各种影响。

适度规模的确定，目前主要是三种情况：一是从公平角度出发，务农和务工收入均衡的角度来确定标准；二是根据机械装备作业的最佳量来确定标准；三是根据当地农民土地承包情况，确定具体面积或者是面积区间。

粮食家庭农场必须有规模方面的上限要求，简单理解，这是适度规模经营的应有之义，规模是一个区间概念，逻辑上天然存在一个上限。

2. 继续引导土地有序流转

粮食家庭农场在中国仍然是众多农业生产经营主体中极小数量的一部分，除了政策原因，国内兴起的时间短之外，还有三方面的缘由阻碍了粮食家庭农场的形成和发展。

第一，相对于工商业，农业比较效益低。这会让那些有能力投资的农村主体不愿意从事农业，如果再考虑到农业的自然风险大的因素，这个缘由对家庭农场形成的影响就更大了。

第二，家庭农场的盈利模式没有被发现和确认。在传统观念里，种地只能通过粮食的出售来获取回报，在已经解决了生存问题之后，个人的发展更为重要，因此，很多人不愿意以家庭身份扩大农业经营，因为农业在个人发展这个指标上评分不高。

第三，土地流转工作的开展，在实践上并不是非常顺利，土地规模化形成仍然需要时间。这对于那些想成为粮食家庭农场经营者的人来说，是一个最大的障碍。土地产权关系不理顺，没有人敢投入资源到粮食家庭农场的经营当中去。

前两个缘由，比较容易被知晓，中国政府也想过多种办法来舒缓，比如通过粮食最低保护价收购、各种涉农综合补贴、针对粮食家庭农场的行政奖励等多种措施来缓解和部分解决，但是第三点土地流转的困难，却不是短期内依托行政力量可以马上解决的。

中国是一个法治国家，实行的是中国特色的市场经济，土地流转应当尊重市场经济的基本规则，这是一个基本国情。土地流转的经济利益拉动性不够强，土地流转之前的种种担忧，都是目前土地流转过程中被反复斟酌的评价因素。因此，继续引导土地有序流转，是应该在法律的框架内，土地流转各方利益得到尊重的情况下，主要依靠市场经济的力量来开展工作。

与此同时，我们也应该清楚，与一般性生产资源不同，土地位置是不可移动的，土地流转不存在绕开某个特殊地块然后继续推进工作的可能性。实践中，规模化土地中的农户飞地，即使后期以种种方式得到了解决，其牵绊踯躅都会给双方带来不少的麻烦，而这个麻烦对个体农户来说，主要是心理上的，对粮食家庭农场来说，更多是经济上的过多耗费。

除了土地的自然属性外，也确实存在部分农民出于各种非经济性因素，在事实上对土地流转形成了阻碍，这是市场失灵的一种表现。①

中国特色的社会主义市场经济中，政府在纠正市场失灵和引导资源有效配置方面有着不可推卸的责任和巨大的能量。通过人情社会的事理通晓，经济社会的利益均衡和工作方法上的合法得当，继续引导土地有序流转，仍然是当前做好农业工作的重要组成部分。

3. 必须建立土地流转后有利于土地整理的政策和事实依据

任何政策的指向不但要着眼于当下的工作开展路径、工作效果和效率评估，还需要特别注意工作后期的救济措施安排。中国的土地流转工作已经开展多年，不论是政府的政策文件指导，还是实践层面的具体操作，我们都会发现一个事实，推动土地流转的各种努力和各种方法、利益均衡的取舍都非常有效率，也取得了不错的效果，但是土地流转

---

① 参见 Peter Hazell, Colin Poulton, Andrew Dorward, "The Future of Small Earms: Trajections and Poficy Priorities", *World Development*, 2010, Vol.48。

工作的后期救济措施考虑不周、安排不恰当的情况也并不少见。即使在一些运转良好的土地流转区域，虽然没有出现流转后的各种不适不妥不当，但从制度安排和当事各方的利益安排及心理预期来看，这方面的工作欠缺内容比较多。

土地流转后的救济措施安排是在土地流转工作之前就应该安排妥当的，具体的责任应该归属政府，包括中央政府和地方政府。土地流转各方，无论是普通农户、专业大户、家庭农场主、合作社、企业等主体，都应该对此部分救济内容知晓和清楚其流程。简单说，应先有政府制定救济措施给予权利义务方面的确定和指导，再有流转各方了解内容后的监督和执行，利益各方如产生纠纷，则由调解、仲裁和法律等其他手段来介入。

众所周知，土地流转在农业生产经营中仅仅是个过程，土地流转的目的是为了土地规模化的形成，而土地规模化的形成仅仅是有利于农业发展的一个良好开端，进一步的土地整理则是真正的农业经营手段开展的第一步。这里所说的土地整理是指通过采取一系列综合措施，对与耕地相关的农田、水利、道路等进行全面整治，提高耕地质量，增加有效耕地面积，改善农业生态条件和生态环境的行为。原来土地细碎化情况下的田间路、小沟渠、高低不平等情况，都可以通过土地整理来优化。实践中，这也确实可以增加可利用土地数量，提高土地的利用率和产出率，土地整理的效果是非常明显的。

当然，有个问题我们也需要注意到，即土地整理大多时候会消除原有的流转前各个地块界线的自然痕迹。流转时间长，经营正常，这个消除没有什么问题。但是如果规模化经营失败，需要恢复土地流转前的土地权利状况，则必须有法律和事实上的双重依据。

这种依据最重要的是法律上的农村土地确权。目前在全国范围内基本已经完成，为农村土地流转和其他相关事宜建立了牢靠的法律基础。

具体说来，在法律关系上，国家国土和农业部门组织的全国范围内的农村土地确权，以第二轮土地承包为基础，确定承包地块空间位置，弄清四至界线和面积大小，消除土地纠纷。具体工作由县一级农业部门聘请专业测绘公司以村组为单位进行，县、乡、村三级共同配合，通过入户权属调查、测量地块成图、结果公示审核、签合同建账簿、发证建数据库、资料整理归档几个主要步骤来完成。

同时，事实上的土地权属标志也应通过界桩入地等多种方式来确定，作为一种清晰的土地权属界线标志，为以后的规模化消散留有准备。

因为法律和事实上的准备充分，在事实和心理上可以为土地流转和规模化形成提供保障，这也是确保土地产权可以执行的一个重要环节，从土地权利归属明确化、清晰化、可执行化三方面给土地有序流转提供有力支持。[①]

三、适应农业发展阶段性需求，持续培养新型职业农民从业能力

在人类历史的大多数时期，由于农业技术进步极为缓慢，农业生

---

① 参见黄卫东：《社会政策支持视角下的家庭农场发展研究》，安徽大学硕士学位论文，2015 年。

产的外围环境相对稳定和单一，农民主要凭经验从事农业生产。

当今的农业发展，由于科学技术的快速发展和革命性进步、社会资源的极大丰富，农业的产出水平有了根本性的提高，农民在新的农业发展阶段有了更多的可塑性和历史性安排。农业生产中，资源投入远较以前丰富，土地、水利、电、机械、化学品、软性的经营管理知识和能力等等，繁杂程度大大增加，单个农民生产出来的粮食可以保障上百人的消费，一方面是社会资源和科学技术的持续投入；另一方面，我们也应看到今天农民的农业科技素质远比传统社会农民要高。今天，即使是最落后地区的农民，在化肥、农药上的理解和使用也优于前人。

本书所讨论的粮食家庭农场的经营者，一方面，从事的是农业生产，需要农业生产技术方面的熟练掌握和精通；另一方面，面对的是数量多、规模大、品类繁杂的资源对象，农时安排、品种布置、资金使用都需要较强的管理水平；再一方面，粮食家庭农场所处的外在环境，既有激烈的国内外市场竞争，也不乏政府的政策、物资、资金支持，能否利用好各种资源，应对各类复杂情况，做好粮食生产的全程安排，这对粮食家庭农场的经营提出了很高要求。

具备这种水平和素质的农民，以前基本上是没有的，因为当初的农业生产环境相对简单，不需要培养这一类型的农民。即使有具备这些特性的农民，在当时又受到中国土地制度的限制，没机会经营这么大规模的土地，那些高素质的农民用进城的方式来显示他们的才华。即使有少数国有农场的从业者经历过大规模生产，那他也没遇到过当今这么复杂的国内外竞争环境，而且当时很可能仅是某一个岗位和若干个环节的生产者，而不是经营者。

随着现代农业的发展，农民不仅需要提高科技素质，而且要完成从传统农民到新型职业农民的转变。因此，持续培养新型职业农民的从业能力，绝不是中央政府务虚的文字表达，而是现实农业生产实践中实打实的要求，对于粮食家庭农场来说，更是如此。这个培养过程应该分三个阶段和层面来进行。

一是继续完善农民农业科技职业技能培训，提高家庭农场主接受新技术的能力。① 系统、扎实、科学的粮食生产技术，是粮食家庭农场保证稳定运行的最基本要求，也是家庭农场盈利的关键所在。从最根本上来说，先是粮食的稳产和高产，然后才有围绕粮食展开的运营和管理。

美国人甚至围绕粮食生产打造了一整套的金融衍生业务，还将粮食列为与石油并重的战略物资，从此国际粮食市场波澜不断。很多人看到美国在粮食问题上的诸般花样手段，羡慕之余也是有样学样，但是最根本的一点恰恰被忘记了，那就是生产粮食的技术和能力。

国内最近几年的粮食生产过程中，也有不少的案例佐证了以上说法。在国内土地流转放开的初期，对农业充满各种期望，大量的工商资本携势而来，这些经营者多数认为土地流转促进了规模化，加上财政支持和政策鼓励，而且自己有资本、有政策、有规模化现代农业的先进理念，甚至很多工商资本还有着天然成熟的市场渠道，农业应该是自己发展的新领域。农业现代化的口号在那个时期喊得格外响亮和有底气，仿佛粮食生产的现代化模式即将实现。②

事实是，经过几年的实践操作，特别是在粮食生产这个领域，多

---

① 参见吴宏林：《浅析家庭农场：条件与规模》，《统计与管理》2015 年第 7 期。

② 参见李魁、夏元秋：《把握现代农业方向 推进适度规模经营——关于泰来农场鑫和家庭农场模式的分析与启示》，《农场经济管理》2005 年第 5 期。

数的经营者变得疲惫不堪，更多的资本铩羽而归。存活下来的粮食生产经营者也是百般感叹，运营不易。

反思其缘由，粮食市场价格波动、土地流转的各种后遗症、国内粮食流通市场政策变更、金融支持不够、自然灾害等等，各种原因都有被总结和提及过，包括比较虚的缺乏现代农业技术人才和经营人才。可仔细看，有一个原因，讨论和重视的人非常少，那就是：农业生产技术的不完善、不成熟，包括粮食生产技术。

事情确实如此，大多数新进农业领域的经营者缺乏农业生产方面的知识和经验，特别是在农业技术方面有重大的短板，一般人理解的粮食种植，就是把种子播到地里，洒水施肥，然后等着收成即可，精力应该放在怎么提高粮食价格方面，自创品牌、构建新渠道、突出新品种、加强和下游企业合作等等，都是这些经营者充满各种想法的领域和舞台。

好日子也是有过，风调雨顺的年景，如果市场价格还算理想，粮食种植的收益还是令这些资本满意和高兴的。但是自然风险稍微上升，比如病虫害、水灾、旱灾等的大规模出现，附加市场价格的大幅下降，前几年的收成收益立刻消失弥散，最初投入的资本也多有"伤筋动骨"。

也有部分经营者认为，自己从事过农业生产，在粮食生产方面有经验，因此关于农业技术特别是粮食生产农业技术，并不需要太多的培训，这一点比刚才的"粮食生产技术缺失"危害性更大，因为这个危害不容易被经营者感知，会白白浪费粮食家庭农场经营者多年的精力和资源。

传统的粮食生产多为普通农户经营，与勤劳相伴生的精耕细作是一个重要因素。粮食生产家庭的农场经营规模比普通农户发生了质的变化，单纯性的勤劳在整个要素结构中的重要性不断下降，成本控制技术、粮食稳产高产技术、病虫害防控技术都是规模化粮食生产中非常重要的环节。传统的普通农户粮食生产技术中也有这些内容，但具体构成是不一样的。比如，普通农户的时间成本概念和规模化的时间成本概念非常不一样。

粮食家庭农场是我国新出现的农业生产经营主体，所面临的农业生产任务和技术要求与以前相比有很大的不同。① 因此，适应新时代的要求，继续完善农民农业科技职业技能培训，提高家庭农场主接受新技术的能力，是增加经营者粮食生产技术的厚度和深度的有效办法和必经过程。②

二是加强家庭农场主经营能力培训。中国的小农经济历史悠久，在很多方面展示出其强大的生命力，精耕细作、循环经济等都是经常被人夸赞的优点。这些优点也确实支撑了中国农业的发展，直到今天，其中的优秀内涵都在不断被继承和重新认识。

但中国小农经济的一个优点，在中国很少被人提及，更多时候不被认可。那就是小农经济中的中国农民，其经营农业的水平是非常高的，不同资源之间的平衡、农时的确认和衔接、种植饲养加工副业的经济组合，都是小农经济中经营能力的体现，在人均资源禀赋相对较低的情况下，中国的农业能够支撑规模庞大的人口，经营能力的贡献不可不提。

粮食家庭农场经营规模化粮食生产的能力也需要尽快提升和加强。

---

① 参见马学春：《家庭农场建设对策研究》，《安徽农业科学》2013 年第 19 期。
② 参见曹文杰：《基于 DEA-Tobit 模型的山东省家庭农场经营效率及影响因素分析》，《山东农业科学》2014 年第 12 期。

关于粮食家庭农场的经营能力问题，有两种观点需要讨论。

第一种观点是，种粮食是给国家种的，怎么会存在什么经营问题呢？这个观念的形成实际上是中华人民共和国成立后粮食流通体系所刻画的。简单划分，之前是国家统购，经历流通市场放开后，又实行了粮食保护价收购政策，这种流通上的单向主动行为使得粮食种植户对经营不需要太多考虑，虽然是被动的选择，但毕竟以某种形式解决了粮食销售问题。长此以往，种粮食是给国家种的观点深入人心，得出不需要粮食生产经营能力的结论也就毫不奇怪了。

第二种观点是，考虑到了时代发展的变化，更认识到市场经济发展的不可逆转，但问题依然存在，粮食种植这么单一，怎么经营？

这种观点的不当在于：第一，"单一"的表达不很准确，除了粮食种植外，很多粮食家庭农场出于各种原因，也会少量配置一些蔬菜、苗木、经济作物等等，这些行为需要经营能力的协调，以保证总效益最高；第二，即使全部是种粮食（北方旱作一季区基本属于这种情况，但本书所研究的区域——山东省，是属于北方旱作二季区，在种植品种选择上有更多的空间和余地），粮食虽然单一，但由于种植规模大，在品种、种植时间、采收时间、流通方式等方面都有各种不同的选择，形成事实上的效益差异，这也是和经营能力密切相关的。

理论上说，经营能力应该是自我锻炼和外来知识输入（比如培训）相结合形成的一种行为自我选择、自我优化的机制，粮食统购时期对这个经营能力的要求比较小，在过渡性的托市收购政策无法长期运行的背景下，恢复、发展、提升粮食生产主体的经营能力是应该由政府和当事人共同面对的问题。

而且经营能力这项要素，在粮食家庭农场这个范围内来说，应该是可以传承的东西。随着中国农村农业的进一步发展，这符合将家庭农场建设成为农村地区核心产业和事业的需要。

目前由财政资金支撑的新型职业农民培训收到了很好的效果，是一个很好的办法。但经营能力的提高是一个长期的过程，新型职业农民这个社会群体的形成既是一个长期过程，又是一个自然选择过程。政府应坚持和改进培训的方式，推进和优化这一过程。[1]

三是逐步建立家庭农场主"职业资格证"制度。随着中国社会的进一步发展，逐步建立家庭农场主"职业资格证"制度，是实现培育新型职业农民、推进现代农业转型升级的现实需要。

农民的"职业资格证"制度并不新奇，西方发达国家有之已久，这也是他们长期农业实践的成功经验。中国农业从业者在一般意义上并没有什么特殊性，实习"职业资格证"制度没有逻辑上的错乱，这点和舆论中怀疑政府借此"职业资格证"行"形象工程"的表达、"办证收费"的不当行政行为是不同的。

如果说非要有中外差异，体现中国特色国情，那必须要提中国农民数量众多，有接近6亿人口，因此短期内将"职业资格证"制度落实到全体农民身上，不切合实际，也没有"必须要做"的理由。

但是，率先在规模化的农业从业者身上，特别是在那些新型农业经营主体身上，逐步实施"职业资格证"制度，在理论上可行，在实践中必要，且比较容易做到。因此，在未来，要求粮食家庭农场主拥有"职业资格证"是一件可以从现在就着手准备的事情。

逐步建立家庭农场主"职业资格证"制度的原因有三个方面。

---

① 参见汤文华、段艳丰、梁志民：《一种新型农业经营主体：家庭农场——基于新制度经济学的分析视角》，《江西农业大学学报（社会科学版）》2013年第2期。

第一，"职业资格证"制度在很大程度上是一种职业准入制度。今后相当长一个时期内，中国将有绝对数量庞大的农民存在，土地不仅是他们的基本生产资料，还将在很长时期是他们最后的保障手段。不能允许资本下乡大规模长期使用土地。家庭农场的经营者应该是以家庭为单位的农民，而不是资本。这其中就包括设计各种制度让有种地能力和种地意愿的农民经营家庭农场。

第二，"职业资格证"制度会提供一个完整、科学的农业技术培训体系。从客观上来讲，现代农业的发展越来越依靠现代科学知识和农耕技术，"职业资格证"制度不是一个简单的证书颁发，更多时候是一个农业生产技术知识体系的复制、扩散和应用。

第三，"职业资格证"制度是一个逐步建立的过程。该制度虽然在发达国家非常成熟，但在中国却完全是一个新生事物，我们并不知晓这个制度下的知识体系的准确构成，即使是从发达国家引进，也需要用时间来消化和吸收。另外，中国农民数量庞大，让有新生事物接受能力的农民来参与制度建设是一个首选路径。新型经营主体肩负中国农业转型升级的重任，粮食生产也会越来越考虑家庭农场的经营方式，因此，对粮食家庭农场主加大培训力度，率先建立"职业资格证"制度，也是非常有必要的。

中国目前有些地方也发放了各种形式的农民"职业资格证"，这些证书和本文所述的"职业资格证"制度是有一定差异的。前者更多地表现为各种形式的农民技术培训后的证明，也有地方将此和政府各种对农业的扶持相结合，无证书无资格申报政策扶持项目。这种做法在当前阶段还是有一定合理性和必要性，也无须对此评价其不正统。但是所有从业者应该清楚，带有农业职业入门门槛性质的"职业资格证"制度才是我们要真正建立的政策。

四、扩大农业社会化服务支持范围，使得粮食 家庭农场有更好的依托和产业融入

现在的农业生产，包括粮食生产，都是社会化合作后的运行结果。这个特征随着近些年来土地流转的持续进行和城市化对农业劳动力的不断汲取，变得越来越明显。大多数时候，即使是普通农户，也会有各种全程或者环节化的农业生产服务可以选择，特别是在粮食生产这个领域。仅从山东省来看，社会化服务提供的农业机械作业就让种植粮食的行为变得格外轻松。在这种社会化服务体系的照应下，中国已经出现了"看守型农业"，意思是农业生产不再完全依靠壮劳力（这和传统的粮食生产截然不同），农户中的老人就可以通过与农业社会化服务体系的合作，实现农业生产的正常运行，这一特征在粮食生产上特别明显。

中国现有农业社会化服务体系的快速发展和全面深入，回答了社会上对农业发展的各种疑问和担心。比如城市化快速发展，农村无人种地怎么办？年轻人都进了城市，只剩下妇女、儿童、老人，农业是不是很危险？以机械化服务为代表的农业社会化服务体系很好地填补了传统农业中劳动要素流失后的空缺，并且在功能上得到了进一步增强。

快速发展的农业社会化服务体系也在经受更多挑战和面临更多机遇。

中国的城市化进程依然在继续，农业领域里土地流转后的规模化运营逐渐增多，像家庭农场、合作社等新型经营主体纷纷出现，相对应

的新型社会化服务体系是否为此做好准备，目前看，还存在不少的优化空间。

这是因为，目前农业服务的对象出现了一些结构性的变化，即规模化的农业经营主体出现，他们的服务要求与以往传统农业主体的要求有所区分。比如规模化的粮食生产在成本核算和时间控制上尤为严格，这和以前的普通农户服务需求有很大区别。

应该说，中国的农业社会化服务体系，特别是社会资本支撑下的社会化服务组织和体系，都是这些年随着城市化和工业化的发展而快速发展起来的，一方面，补充了农业劳动力转移到城市的空缺，支撑了中国农业的发展；另一方面，加大了工业和农业直接的链接，这种链接机制不同于美日等发达国家，是双方互动的一个良性过程，有别于发达国家工业强力改造农业的历史。

农业社会化服务体系构建过程是市场经济中一个常见的野蛮生长阶段，很大程度上满足了市场要求，也存在不少弊病。即使如此，我们仍然承认中国人在这方面的伟大创造，如中国的农业机械社会化服务体系，尤其是机械收获，是全世界收获机械体系中效率最高、效果最好的。市场的功劳和政府的支持都功不可没。

一方面，以家庭农场为代表的规模化新型农业经营主体不断涌现，并逐渐成为中国农业生产主体中的中坚力量；另一方面，社会化服务体系经过十多年的高速发展后，也遇到了自身和外在环境的一些难题。

作为政府来说，通过各种举措来扩大农业社会化服务支持范围，使得粮食家庭农场有更好的依托和产业融入，既是让粮食家庭农场健康成长的需要，也会让农业社会化服务体系有更好的针对性和实效性。

具体说来，可以从以下三个方面入手。

1. 支持家庭农场主之间联营、共享社会化服务

中国现代农业的发展，从组织主体上的脉络变迁来说，一直在试图改变传统经济中原有小农经济的局面，将众多分散的小农户改造成有一定市场竞争力的规模性竞争主体，2003 年开始正式以政策文件的方式推动规模化主体的形成，这就是我们所熟知的合作社发展。

十多年的运行结果，合作组织的数量迅猛增加，但合作社的发展并没有展现出大家企盼的状态——能适应市场经济"大市场"运行框架的要求。各种分散的小农聚集在一起并没有成就"大规模"的气质。

而家庭农场，特别是走上良性循环的家庭农场，有一定的生产规模，在单体的生产能力方面有可取之处，但面对大市场同样是力量显得薄弱。而把若干个此类家庭农场组织起来，一方面，经营主体在面对大市场的谈判能力、信息搜集能力、供应能力等会大大提高；另一方面，家庭农场自身在参与合作社事业方面有主动性、有参与能力。这类由家庭农场组织而来的合作社就是一个狼群，单打独斗有一定实力，群体性作业也能威慑老虎、狮子等大型食肉动物，在生态圈里有自己的位置。这不就恰恰是我们对中国农业提高市场竞争力的一个企盼吗？

运用一定的分析方法测算出的家庭农场的适度规模是一种把样本家庭农场蕴含资源配置的合理成分寻找出来，带有"人为确定"的性质的理论值。虽然这种理论值有重要的政策意义和指导意义，但实际中的家庭农场并不严格遵从这一规模，特别是土地、劳动、机械的组合和理论上的"合理组合"也有差异，甚至差异很大。这种内在的资源配置缺陷，可以通过外在的社会化服务体系来完善。当然，这种相互融合并不限定为家庭农场和社会化服务体系的直接链接，我们还可以考虑选择另外一种比较合理的方式。

先实现各个家庭农场之间的联营，形成小规模的可以自我服务的体系，我们可以视为内部融合，一个在多数家庭农场之间进行资源配置的架构。然后用这个内部融合的家庭农场联营体系来对接外在的社会化服务体系，这个既有成本核算的考虑，也是家庭农场内各项资源合理利用的现实打算，在适度规模具有外来人"人为确定"的特征面前，这种联营应该是可行和必要的。具体说来，有这样三个特点。

第一，粮食家庭农场如果采取联营的方式，相当于在一个新的层面和新的意义上的适度规模出现，一个扩大化的适度规模，之前所说的资源错配和不完全融洽的局面会在更大的空间内得到纠正。

第二，联营更像是家庭农场为自身打造的一个多层防护机制。相对于大市场，农业生产主体的规模终究是偏小的，单独的一个粮食家庭农场主体在承受市场经济的各种冲击下是比较危险的，如果家庭农场之间的联营可以顺利进行和有效运作，相当于一个数十倍于原先主体体量的家庭农场出现，规模增大，意味着其中的单个粮食家庭农场有了更多的安全性。

第三，传统农业经济中，小农之间的交流对技术的传播和提高有很大帮助。粮食家庭农场如果只是将自己独立于普通的小农生产，这会意味着双方不是一个可以平等对话的主体，缺乏各种信息的交流。如果粮食家庭农场可以和附近的同行进行联营，家庭农场间将有更多的信息交流和沟通，强强联合会使强者更强。

因此，在粮食家庭农场的发展早期，就开始鼓励家庭农场之间的联营，是对各方都有诸多利益的举措，社会化服务体系与之合作的空间和手段也会随之得到极大丰富。

2. 鼓励家庭农场之间成立资金互助组织

在市场经济的发展过程中，金融支持的力量和手段都是备受重视的，中国的"三农"领域长期以来都被人诟病金融空心化的蔓延和不可撤销。

主流金融机构选择忽视"三农"的资金需求是有着现实原因的。

第一，传统农业里的经营主体多为小农，生产规模小，自有资金实力弱小，承担风险能力弱，资金需求量小且零碎，服务成本远高于一般业务。

第二，农业经营不但要承担市场风险，自然风险的威胁也不可小视，目前的生产力水平还无法从根本上防控。一个远超一般产业风险的农业，金融与之同样保持谨慎和远离。

第三，最关键的一条，传统的金融资金支持手段需要抵押物，而"三农"领域确实缺乏金融业要求的可抵押物，资金也就无法获得。

在主流金融机构不愿意涉足"三农"领域的背景下，农业和农村中的大量金融行为多以高利贷或者互助的方式进行，这也形成了一种恶性循环。由于农业和农民的孱弱，金融只能以非正规的、高利率的形式运行；反过来，高利率又制约了农业的发展壮大和农民的自我解困。

这个逻辑和困境同样困扰新生的粮食家庭农场。即使是国家政策上给予鼓励，但从整体上来说，家庭农场仍然会在金融支持上遇到比较大的障碍。

在这个困境下，粮食家庭农场之间成立资金互助组织，如已有政策规范的资金互助合作社，就是一个可做且受益巨大的行为。资金互助，在中国农村有一定的传统和实践，近些年，随着资金互助规模的扩大，政府也注意到了这个领域的管理需求，对此也提出了一些管理办法。

鼓励粮食家庭农场之间成立资金互助组织，是目前金融支持家庭农场发展的一个有效手段。好处是单个家庭农场都具备一定的资金实力，远比普通农户抗风险能力要高。但是由于资金需求量较大，各个家庭农场之间如何建立相互之间的信用，如何解决由于粮食家庭农场同质性带来的对资金需求的同期性，通过外在的金融监管方式来降低互助金融的风险，这都是需要认真应对的问题。

针对这些问题，政府应给予更多的支持和配合。

第一，政府必须加强对粮食家庭农场之间资金互助组织的监管。除了互助家庭农场之间的相互监督外，政府必须建立严密的监管制度，要求资金互助组织按照要求将款项存入指定金融机构，专款专户。

第二，如果资金互助运转顺利，为了表达对农业生产的支持，特别是对粮食生产的支持，政府可以在资金需求集中的时期，对金融机构向资金互助组织的贷款给予贴息等政策支持。

第三，建立资金互助基础上的相互担保体系，扩大粮食家庭农场可担保物的范围，为粮食家庭农场提供更广的金融支持。

第四，粮食家庭农场之间成立并长期运作资金互助组织，政府可以视同家庭农场的运行比较规范，建议在此基础上提供信用担保。由于农业回报率低，融资期限长，可以建议金融机构将家庭农场的涉农资金需求由国家提供信用担保，提高粮食家庭农场的金融活力。

鼓励家庭农场之间成立资金互助组织，是家庭农场发展到一定阶段时可以进行的作为，不应该对此做强制性要求。因为这涉及几个因素在同一个时空下的汇集：数量较多的家庭农场、单体的家庭农场有较强的实力、家庭农场之间的合作意愿、外在金融支持和监管的成熟等等。

3.政府继续支持农业社会化服务主体的发展

近些年来，从农业社会化服务组织那里，通过"零点"或"全程服务"的方式购买各个环节的生产服务，已成为具有一定生产规模的农业经营主体完成农业生产的主要方式。新型生产方式的产生和农业服务组织的普及，是农业生产社会化服务体系完整性不断加强的一种表现，在有效缓解了我国"谁来种地"、"怎样种地"的压力的同时，使得我国农业朝着规模化、现代化的方向加速前进。

农业社会化服务体系正在成为推动中国农业现代化的重要保障，中央政府也注意到了这一趋势，连续三年将其写进"中央一号文件"，但与农民获得的多样支持相比，关于农业社会化服务主体的一些相关保障机制又是空白、缺失的。

要解决这一困局，政府应该继续支持农业社会化服务主体的发展，并将政策落到实处，激发出农业社会化服务组织更多的潜能。

第一，政府可以通过适度引导和管理来充分尊重市场经济规律和农民的自主选择。在农业生产社会化体系构建过程中，私人部门是农业社会化服务中的一股重要力量。私人部门在资本和人才等方面占有一定的优势，可以在农业技术推广等领域发挥着重要作用。①

因此，除了市场的资源配置手段外，政府可以通过补贴等引导政策，来丰富农民的可选择范围，同时也鼓励企业参与到农业社会化服务组织体系的建设中来，切实为农业社会化服务组织提供保障。

第二，充分重视现代农业服务型人才的培养。农业社会化服务体系包含硬件的支持和软件的支持，两相比较，目前的服务体系中，人的

---

① 参见伍开群：《家庭农场的理论分析》，《经济纵横》2013 年第 6 期。

因素更为重要和关键。由于农业生产已被细分成多个环节，每个环节所要求的硬件支持和软件服务是截然不同的，而现有服务体系中的从业人员，其服务能力和服务水平是存在不小缺陷的，表现为对农业生产的不熟悉和以利润考核为单一的行为指南。

可以考虑开展多种形式的农业培训，突出农业服务的系统性、专业性。同时，在教育领域，要提供给涉农院校更多的实践机会，加强实践教学水平，培养更多科班出身的农业技术人才，鼓励涉农相关企业成为培训主体。

第三，探讨农业保险主体建设的多元化，加大对服务组织的扶持力度。影响农业生产的因素十分复杂，单一主体的保险行为在熟知农业生产行为和预估风险等方面心有余而力不足，如果仅凭市场的自我发育，这部分内容将长期处于薄弱状态。

政府可考虑对服务组织、相关企业进行合理的扶持，依据社会经济发展形势，适时对农业服务主体和从业者的多险种进行开发。引导金融机构重点支持涉农金融服务，解决季节性、临时性经营资金不足等问题，推动农业社会化服务组织的良好发展。

政府应该继续支持农业社会化服务主体的发展，努力构建一个公益性与经营性服务相结合、专业化与综合性服务相协调的新型农业社会化服务体系。

参 考 文 献

1. 陈星、宋浩昆:《农村集体土地集约化经营方式的探讨》,《中国国土资源经济》2011 年第 9 期。

2. 浙江省农业教育培训中心编:《家庭农场创建与发展》,中国农业科学技术出版社 2014 年版。

3. 邵桦毅:《我国家庭农场法律制度研究》,西南政法大学硕士学位论文,2014 年。

4. 许庆、田士超、徐志刚、邵挺:《农地制度、土地细碎化与农民收入不平等》,《经济研究》2008 年第 2 期。

5. Job, J.F., Burtonetal, "Influence of Farm Resource Endowment on Possibilities for Sustainable Development：A Case Study for Vegetable Farms in South Uruguay ", *Journal of Environmental Management*, 2005, Vol.78.

6. Cornia., Farm size, "Land Yields and the Agricultural Production Function：Analysis for Fifteen Developing Countries", *World Development*, 1985, Vol.13.

7. Velandia, *Origins of agriculture：an evolutionary perspective*, Pittsburgh：Academic Press, 2013.

8. Peter Hazell，Colin Poulton，Andrew Dorward，"The Future of Small Earms：Trajections and Poficy Priorities"，*World Development*，2010，Vol.48.

9. Zimmerman，Thomas Heckle，Ignacio Perez Dominguez，"Modeling Farm Structural for Integrated Ex-ante Assessment：Review of Methods and Determinants"，*Environmental*，2009，Vol.8.

10. Lawton，*What are the Critical Success Factors for Succession Planning in Farms*？*A Systematic Review*，University of Prince Edward Island，2013.

11. Robert，*Local Government Behavior and Property Rights Formation in Rural China*，University of Toronto，2005.

12. Johnson，"Leaving China's Farms：Survey Results of New Paths and Remaining Hurdles to Rural Migration"，*China Quart*，2000，Vol.21.

13. 郭熙保：《"三化"同步与家庭农场为主体的农业规模化经营》，《社会科学研究》2013 年第 3 期。

14. 郜亮亮、黄季焜：《不同类型流转农地与农户投资的关系分析》，《中国农村经济》2011 年第 4 期。

15. 许莹：《家庭农场的特点和优点分析》，《河南农业》2012 年第 24 期。

16. 李雅莉：《农业家庭农场优势的相关理论探讨》，《农业经济》2011 年第 7 期。

17. 张照新、赵海：《新型农业经营主体的困境摆脱及其体制机制创新》，《改革》2013 年第 2 期。

18. 汤文华、段艳丰、梁志民：《一种新型农业经营主体：家庭农场——基于新制度经济学的分析视角》，《江西农业大学学报（社会科学版)》2013 年第 2 期。

19. 黄祖辉：《家庭农场推广不能操之过急》，《农村经营管理》2013 年第 5 期。

20. 杜玉品：《完善我国家庭农场市场规制法律制度的思考》，山东大学硕士学位论文，2014 年。

21. 高强、刘同山、孔祥智：《家庭农场的制度解析：特征、发生机制与效应》，《经济学家》2013 年第 6 期。

22. 李魁、夏元秋：《把握现代农业方向　推进适度规模经营——关于泰来农场鑫和家庭农场模式的分析与启示》，《农场经济管理》2005 年第 5 期。

23. 钟甫宁主编：《农业政策学》，中国农业出版社 2010 年版。

24. 朱学新：《家庭农场是苏南农业集约化经营的现实选择》，《农业经济问题》2006 年第 12 期。

25. 高志坚：《对现代家庭农场制度的探讨——试论我国农村土地制度创新的方向》，《理论与改革》2002 年第 2 期。

26. 伍开群：《家庭农场的理论分析》，《经济纵横》2013 年第 6 期。

27. 赵庆峰：《家庭农场发展的法律促进机制研究》，西南政法大学硕士学位论文，2014 年。

28. 顾晓峰：《小型种养结合生态家庭农场模式的探索与研究》，上海交通大学硕士学位论文，2010 年。

29. 赵维清、边志瑾：《浙江省家庭农场经营模式与社会化服务机制创新分析》，《农业经济》2012 年第 7 期。

30. [美] 黄宗智：《中国的隐性农业革命》，法律出版社 2010 年版。

31. 黄延廷：《家庭农场优势与农地规模化的路径选择》，《重庆社会科学》2010 年第 5 期。

32. 高芳芳：《家庭农场土地若干法律问题研究》，山西财经大学硕士学位论文，2015 年。

33. 汪发元：《新型农业经营主体成长面临的问题与化解对策》，《经济纵横》2015 年第 2 期。

34. 薛凤蕊：《土地规模经营模式及效果评价》，内蒙古农业大学博士学位论文，2010 年。

35. 屈学书：《我国家庭农场发展问题研究》，山西财经大学博士学位论文，2014 年。

36. 傅爱民、王国安：《论我国家庭农场的培育机制》，《农场经济管理》2007 年第 1 期。

37. 樊雪志：《引导社会资金投入农业促进农业发展》，《中国经济分析与展望（2012～2013)》2013 年 1 月 1 日。

38. 陈锡文：《鼓励和支持家庭农场发展》，《上海农村经济》2013 年第 10 期。

39. 臧凯波：《我国家庭农场发展存在的障碍及应对策略》，《农村经济与科技》2013 年第 7 期。

40. 汪发元：《中外新型农业经营主体发展现状比较及政策建议》，《农业经济问题》2014 年第 10 期。

41. 朱春江、马文斌等：《中国家庭农场发展面临的机遇及路径选择》，《贵州农业科学》2014 年第 1 期。

42. 万江红、管珊：《无雇佣化的商品化：家庭农场的发展机制分析——基于皖南平镇粮食家庭农场的调研》，《中国农业大学学报（社会科学版）》2015 年第 4 期。

43. 张士胜、戴继勇、郑玉艳、陶学明、洪登华：《农业社会化服务标准化现状、问题与对策》，《2013 全国农业标准化研讨会论文集》2013 年 7

月 18 日。

44. 丁志伟、张改素、王发曾、康江江、周志民：《国内外"三化"协调研究进展》，《世界地理研究》2015 年第 4 期。

45. 谷聪：《城乡一体化视域下我国家庭农场农业经营模式问题研究》，河北师范大学硕士学位论文，2014 年。

46. 朱海涛：《浙江省家庭农场发展对策研究》，浙江农林大学硕士学位论文，2012 年。

47. 范莉莉：《家庭农场经营模式的历史考察与启示》，《新余学院学报》2015 年第 4 期。

48. 陈祖海、杨婷：《我国家庭农场经营模式与路径探讨》，《湖北农业科学》2013 年第 17 期。

49. 孙小明：《浅谈适应家庭农场发展的农机社会化服务创新措施》，《农业机械》2014 年第 19 期。

50. 刘向华：《我国家庭农场发展的困境与农业社会化服务体系建设》，《毛泽东邓小平理论研究》2013 年第 10 期。

51. 寇玉琴：《美国家庭农场发展中产业政策和社会化服务体系支持的经验与借鉴》，《黄河科技大学学报》2014 年第 2 期。

52. 徐会苹：《德国家庭农场发展对中国发展家庭农场的启示》，《河南师范大学学报（哲学社会科学版）》2013 年第 4 期。

53. 史慧：《社会化服务体系在农业发展中的应用——基于日本农协的思考》，《世界农业》2015 年第 6 期。

54. 欧继中、张晓红：《荷兰和日本农业合作组织模式比较与启示》，《中州学刊》2009 年第 5 期。

55. 王洋：《新型农业社会化服务体系构建研究》，东北农业大学博士学位论文，2010 年。

56. 关锐捷：《构建新型农业社会化服务体系初探》，《农业经济问题》2012 年第 4 期。

57. 熊鹰：《农户对农业社会化服务需求的实证分析——基于成都市 176 个样本农户的调查》，《农村经济》2010 年第 3 期。

58. 张建武：《家庭农场发展初探》，《山东省农业管理干部学院学报》2013 年第 5 期。

59. 张颖、徐阳华：《中国国家粮食安全战略演进及前瞻》，《国际安全研究》2015 年第 3 期。

60. 郑丽、霍学喜：《粮食主产区农户粮食生产投入决策行为分析》，《西北农林科技大学学报（社会科学版）》2007 年第 6 期。

61. 庄丽娟、贺梅英、张杰：《农业生产性服务需求意愿及影响因素分析——以广东省 450 户荔枝生产者的调查为例》，《中国农村经济》2011 年第 3 期。

62. 杨祖恒：《对新型农业社会化服务体系建设的思考》，《经济发展方式转变与自主创新——第十二届中国科学技术协会年会（第四卷）》2010 年。

63. 杨超飞：《基地单元背景下烟叶家庭农场适度规模研究》，河南农业大学硕士学位论文，2015 年。

64. 陈志兴：《农业科技园区示范功能与绩效的实证分析——以浙江金华农业高新技术园区为例》，《农业科技管理》2006 年第 4 期。

65. 王洋：《新型农业社会化服务体系构建研究》，东北农业大学博士学位论文，2010 年。

66. 张清宝：《对农村经济体制改革的思考与建议》，《现代经济信息》

2015 年第 12 期。

67. 万舟：《论我国农业社会化服务体系的完善》，《天水行政学院学报》2012 年第 5 期。

68. 王灵灵：《基于利益相关者视角的浙江家庭农场发展对策研究》，浙江农林大学硕士学位论文，2014 年。

69. 宋岭：《博兴县家庭农场现状及其发展对策》，《中国农业信息》2014 年第 7 期。

70. 高强、刘同山、孔祥智：《家庭农场的制度解析：特征、发生机制与效应》，《经济学家》2013 年第 6 期。

71. 褚丽影：《吉林省农业产业化问题研究》，东北师范大学硕士学位论文，2007 年。

72. 伍开群：《家庭农场的理论分析》，《经济纵横》2013 年第 6 期。

73. 伍希：《需求价格弹性在商品定价中的应用研究》，《商场现代化》2011 年第 23 期。

74. 罗运贵：《主流学派的微观经济供给与需求理论存疑》，《改革与战略》2007 年第 6 期。

75. 席雯颖、严新明：《公共选择视角下的公共财政决策机制》，《阅江学刊》2012 年第 2 期。

76. 郑建新、吴赐联：《家庭农场的社会服务机制创新研究——以福建省部分调查数据为例》，《安徽农学通报》2015 年第 1 期。

77. 潘慧琳：《家庭农场：现代农业发展新道路——对中央一号文件首次提出发展家庭农场的解读》，《决策探索（下半月）》2013 年第 2 期。

78. 汤文华、段艳丰、梁志民：《家庭农场发展存在的问题与应对之策》，《农业经济》2013 年第 11 期。

79. 魏昭颖：《家庭农场的实践探索与发展路径分析——以扬州市江都区为例》，《江苏农村经济》2013 年第 9 期。

80. 付兆刚：《构建新型农村社会化服务体系的几点思考》，《经济师》2013 年第 2 期。

81. 丛晓娣、姚凤桐：《农业社会化服务体系研究现状综述》，《北方经济》2007 年第 3 期。

82. 罗必良、李玉勤：《农业经营制度：制度底线、性质辨识与创新空间——基于"农村家庭经营制度研讨会"的思考》，《农业经济问题》2014 年第 1 期。

83. 董亚珍、鲍海军：《家庭农场将成为中国农业微观组织的重要形式》，《社会科学战线》2009 年第 10 期。

84. 黎东升、曾令香、查金祥：《我国家庭农场发展的现状与对策》，《福建农业大学学报（社会科学版）》2000 年第 3 期。

85. 姚麒麟：《上海市松江区家庭农场种植业茬口布局实践与对策》，《上海农业学报》2013 年第 3 期。

86. 钟大辉：《欧盟、美国农业支持和保护政策研究》，吉林大学硕士学位论文，2005 年。

87. 马慧芝：《我国农业补贴机制评析》，《对外经贸实务》2014 年第 9 期。

88. 王贻术：《我国家庭农场发展研究》，福建师范大学博士学位论文，2015 年。

89. 阚凯：《扶持家庭农场的财税政策研究》，吉林财经大学硕士学位论文，2014 年。

90. 邵平、荣兆梓：《家庭农场财政补贴政策的效用研究——以上海松江模式为例》，《上海经济研究》2015 年第 9 期。

91. 陈道琛：《基于卓越绩效模式的我国家庭农场生命力研究》，兰州商学院硕士学位论文，2014 年。

92. 黄卫东：《社会政策支持视角下的家庭农场发展研究》，安徽大学硕士学位论文，2015 年。

93. 王振家：《探路家庭农场》，《光彩》2013 年第 5 期。

94. 吉林省人民政府：《2012 年延边区国民经济和社会发展统计公报》2013 年版。

95. 吉林省人民政府：《延边"家庭农场"推动了土地流转和农村劳动力转移》2012 年版。

96. 朱立志、陈金宝：《郎溪县家庭农场 12 年的探索与思考》，《中国农业信息》2013 年第 14 期。

97. 夏明辉、何东：《上海松江：家庭农场孕育生机》，《中国城乡金融报》2013 年 2 月 17 日。

98. 邢亚轲、朱芸莉：《松江区以土地换保障提高农民养老保障的经验启示》，《农业经济》2011 年第 9 期。

99. 山东省政府：《山东省家庭农场登记试行办法》2013 年版。

100. 林建华、肖培强、孙明河、王娜：《山东家庭农场发展状况调研》，《农村经济管理》2013 年第 12 期。

101. 吴红军：《加大对家庭农场的金融支持力度》，《金融时报》2013 年 6 月 13 日。

102. 山东省曲阜市政府：《关于办理家庭农场的登记要求》2013 年版。

103. 宁津县政府：《宁津县家庭农场发展三年规划（2014—2016 年)》2013 年版。

104. 童宗祥：《多措并举　推进常德市家庭农场发展》，《湖南农业科学》2013 年第 24 期。

105. 王新志：《优化扶持政策　促进家庭农场健康发展》，《中国社会科学报》2015 年 4 月 8 日。

106. 魏琪嘉：《稳步发展家庭农场　推进农业经营组织化建设》，《宏观经济管理》2013 年第 6 期。

107. 岳正华、杨建利：《我国发展家庭农场的现状和问题及政策建议》，《农业现代化研究》2013 年第 4 期。

108. 杜志雄、肖卫东：《家庭农场发展的实际状态与政策支持：观照国际经验》，《改革》2014 年第 6 期。

109. 滕明雨、张磊、李敏：《成长经验视角下的中外家庭农场发展研究》，《世界农业》2013 年第 12 期。

110. 郑蓓：《家庭农场发展金融支持政策探析》，《安顺学院学报》2015 年第 3 期。

111. 谢欣：《家庭农场发展中的金融支持》，《银行家》2013 年第 6 期。

112. 赵树禄：《进一步提高执政党驾驭社会主义市场经济的能力——学习〈中共中央关于制定国民经济和社会发展第十二个五年规划的建议〉》，《宁夏党校学报》2011 年第 1 期。

113. 牟少岩：《家庭农场不可"盲目求大"》，《大众日报》2015 年 1 月 29 日。

114. 李敬锁、牟少岩：《农业社会化服务：家庭农场优势凸显》，《中国农村科技》2016 年第 2 期。

115. 孙葆春、牟少岩：《家庭农场适度规模发展公平视阈的内涵及特点》，《改革与战略》2015 年第 3 期。

116. 金兆怀：《我国农业社会化服务体系建设的国外借鉴和基本思路》，《当代经济研究》2002 年第 8 期。

117. 吕韬：《中国现代农业社会化服务体系建设研究》，长江大学硕士学位论文，2012 年。

118. 高晓辉：《基于 DEA 方法的农地利用效率差异研究》，华中农业大学硕士学位论文，2010 年。

119. 杨霞、张伟民、金文成：《2015 年 34 万户家庭农场统计分析》，《农村经营管理》2016 年第 6 期。

120. 孙正东：《现代农业产业化联合体的理论分析和实践范式研究》，北京交通大学博士学位论文，2016 年。

121. 刘金蕾、祝新亚、李敬锁、牟少岩：《山东省土地流转的影响因素分析》，《中国农业资源与区划》2014 年第 6 期。

122. Bohak, Z., Borec, A., Turk, J., *An Appraisal of Family Farm Succession Study：A Review*, 2013, Vol.2.

附　录

附录1　效率分解及规模效益判定结果表

决策单元	综合效率	技术效率	规模效率	规模报酬
001	1.000	1.000	1.000	不变
002	0.971	1.000	0.971	递减
003	0.902	0.938	0.963	递减
004	0.514	0.632	0.814	递增
005	1.000	1.000	1.000	不变
006	1.000	1.000	1.000	不变
007	1.000	1.000	1.000	不变
008	0.546	0.556	0.982	递减
009	0.923	0.923	1.000	递增
010	1.000	1.000	1.000	不变
011	1.000	1.000	1.000	不变
012	0.713	0.892	0.799	递增
013	1.000	1.000	1.000	不变
014	0.808	1.000	0.808	递减
015	1.000	1.000	1.000	不变
016	1.000	1.000	1.000	不变

决策单元	综合效率	技术效率	规模效率	规模报酬
017	0.835	0.868	0.961	递减
018	0.551	0.563	0.979	递减
019	0.801	0.823	0.973	递减
020	0.659	0.663	0.994	递增
021	0.594	0.630	0.943	递减
022	1.000	1.000	1.000	不变
023	1.000	1.000	1.000	不变
024	0.750	0.765	0.980	递减
025	0.735	0.762	0.965	递减
026	1.000	1.000	1.000	不变
027	0.817	0.839	0.974	递减
028	0.721	0.832	0.866	递减
029	1.000	1.000	1.000	不变
030	1.000	1.000	1.000	不变
031	0.526	0.562	0.935	递增
032	0.898	1.000	0.898	递增
033	0.758	1.000	0.758	递增
034	0.659	0.659	1.000	递增
035	0.656	0.664	0.988	递增
036	1.000	1.000	1.000	不变
037	0.955	1.000	0.955	递增
038	0.524	0.669	0.783	递增
039	0.585	0.650	0.900	递增
040	0.692	1.000	0.692	递减
041	0.684	0.734	0.932	递增
042	0.801	0.809	0.991	递减
043	0.527	0.572	0.922	递增

决策单元	综合效率	技术效率	规模效率	规模报酬
044	0.536	0.539	0.996	递增
045	1.000	1.000	1.000	不变
046	0.780	1.000	0.780	递增
047	0.678	0.701	0.967	递减
048	1.000	1.000	1.000	不变
049	1.000	1.000	1.000	不变
050	0.311	0.486	0.640	递减
051	0.808	1.000	0.808	递减
052	0.994	1.000	0.994	递减
053	1.000	1.000	1.000	不变
054	0.486	0.563	0.864	递减
055	0.443	0.445	0.996	递减
056	0.616	0.963	0.640	递减
057	0.858	0.917	0.935	递减
058	0.790	0.808	0.978	递减
059	1.000	1.000	1.000	不变
060	0.854	1.000	0.854	递减
061	0.563	1.000	0.563	递减
062	0.683	1.000	0.683	递减
063	0.573	0.773	0.742	递减
064	0.540	0.623	0.866	递减
065	0.698	1.000	0.698	递减
066	0.500	0.719	0.696	递减
067	0.482	0.654	0.738	递减
068	0.463	0.634	0.731	递减
069	0.422	0.458	0.922	递减
070	0.607	1.000	0.607	递减

决策单元	综合效率	技术效率	规模效率	规模报酬
071	0.593	0.819	0.724	递减
072	0.576	0.730	0.789	递减
073	0.553	0.854	0.647	递减
074	0.568	0.793	0.716	递减
075	0.596	0.880	0.677	递减
076	1.000	1.000	1.000	不变
077	0.407	0.534	0.761	递减
078	0.511	0.642	0.796	递减
079	1.000	1.000	1.000	不变
080	0.410	0.620	0.661	递减
081	0.269	0.326	0.826	递减
082	0.580	0.582	0.996	递增
083	0.575	0.883	0.651	递减
084	0.584	1.000	0.584	递减
085	0.891	1.000	0.891	递减
086	0.624	0.839	0.744	递减
087	0.254	0.298	0.852	递减
088	0.804	0.980	0.820	递减
089	0.424	0.590	0.719	递减
090	0.680	0.963	0.706	递减
091	0.488	1.000	0.488	递减
092	0.708	0.737	0.961	递减
093	0.844	0.919	0.919	递减
094	0.432	0.434	0.994	递减
095	1.000	1.000	1.000	不变
096	0.655	1.000	0.655	递减
097	0.416	0.464	0.897	递减

决策单元	综合效率	技术效率	规模效率	规模报酬
098	0.771	1.000	0.771	递减
099	0.330	0.426	0.773	递减
100	0.376	0.405	0.928	递减
101	0.490	0.559	0.877	递减
102	0.423	0.502	0.841	递减
103	0.675	1.000	0.675	递减
104	0.815	1.000	0.815	递减
105	0.733	1.000	0.733	递减
106	0.454	0.631	0.720	递减
107	1.000	1.000	1.000	不变
108	0.580	0.841	0.690	递减
109	0.697	0.851	0.819	递减
110	0.975	1.000	0.975	递减
111	0.640	0.642	0.997	递减
112	0.168	0.175	0.962	递减
113	1.000	1.000	1.000	不变
114	0.393	0.763	0.516	递减
115	0.351	0.374	0.939	递减
116	0.783	1.000	0.783	递减
117	1.000	1.000	1.000	不变
118	1.000	1.000	1.000	不变
119	0.771	0.775	0.996	递增
120	0.450	0.491	0.918	递减
121	0.412	0.473	0.871	递增
122	0.866	1.000	0.866	递减
123	0.602	0.752	0.801	递减
124	0.611	0.691	0.884	递减

决策单元	综合效率	技术效率	规模效率	规模报酬
125	0.807	1.000	0.807	递减
126	1.000	1.000	1.000	不变
127	0.482	0.542	0.889	递减
128	0.888	1.000	0.888	递减
129	1.000	1.000	1.000	不变
130	0.558	0.778	0.717	递减
131	0.510	0.630	0.810	递减
132	0.837	0.837	0.999	递减
133	0.925	1.000	0.925	递减
134	1.000	1.000	1.000	不变
135	0.640	0.826	0.775	递减
136	0.399	0.416	0.960	递增
137	0.323	0.514	0.629	递减
138	1.000	1.000	1.000	不变
139	1.000	1.000	1.000	不变
140	0.649	0.707	0.918	递增
141	0.439	0.441	0.996	递增
142	0.720	1.000	0.720	递减
143	0.585	0.642	0.912	递减
144	0.561	0.654	0.858	递减
145	0.620	0.919	0.675	递减
146	0.485	0.526	0.922	递减
147	0.424	0.459	0.924	递减
148	0.461	0.573	0.805	递减
149	1.000	1.000	1.000	不变
150	0.436	0.519	0.840	递减
151	0.409	0.857	0.477	递增

决策单元	综合效率	技术效率	规模效率	规模报酬
152	0.538	0.557	0.966	递增
153	0.438	0.883	0.495	递减
154	0.522	0.589	0.886	递减
155	0.578	0.661	0.874	递减
156	0.618	0.718	0.860	递减
157	0.500	0.589	0.848	递增
158	0.552	1.000	0.552	递增
159	0.431	1.000	0.431	递增
160	0.441	0.489	0.900	递减
161	0.690	1.000	0.690	递减
162	0.475	0.630	0.754	递减
163	0.426	0.455	0.936	递减
164	0.635	0.779	0.816	递减
165	0.675	0.910	0.742	递减
166	0.493	0.567	0.869	递减
167	0.433	0.454	0.954	递增
168	0.811	1.000	0.811	递减
169	0.675	1.000	0.675	递减
170	0.929	0.987	0.941	递增
171	0.559	0.843	0.663	递减
172	0.615	0.953	0.645	递减
173	1.000	1.000	1.000	不变
174	0.435	0.632	0.688	递减
175	0.659	1.000	0.659	递减
176	0.577	0.859	0.671	递减
177	0.672	0.762	0.882	递减
178	0.751	0.769	0.976	递减

决策单元	综合效率	技术效率	规模效率	规模报酬
179	0.549	0.562	0.978	递增
180	0.581	1.000	0.581	递增
181	0.235	0.535	0.440	递增
182	0.230	0.672	0.342	递增
183	0.454	1.000	0.454	递增
184	0.880	1.000	0.880	递减
185	1.000	1.000	1.000	不变
186	0.875	1.000	0.875	递减

附录2 非DEA有效决策单元投入—产出调整结果表

决策单元	综合效率	土地租金	劳动力	社会化服务	农资产品	农业保险	自有机械	收入合计
002	0.97	0	0	−47114	−76082	−43948	−29243	0
003	0.90	0	0	0	−83772	0	−146	0
004	0.51	−2024	0	0	0	−1931	0	0
008	0.55	0	0	−786	0	0	0	0
009	0.92	−53655	0	0	0	0	0	0
012	0.71	0	0	0	0	−1144	−9283	0
014	0.81	0	0	−36843	0	0	0	0
017	0.83	0	0	0	−20649	0	0	0
018	0.55	0	0	−28293	0	0	−19559	0
019	0.80	0	0	0	−132585	0	−19567	0
020	0.66	0	0	−69594	0	−32104	−13486	0
021	0.59	0	0	0	−42281	0	0	0
024	0.75	0	0	0	−21242	0	−97738	0
025	0.74	0	0	0	−769	0	−147658	0
027	0.82	0	0	0	−95493	0	0	0
028	0.72	0	0	0	−67389	0	−158146	0

决策单元	综合效率	土地租金	劳动力	社会化服务	农资产品	农业保险	自有机械	收入合计
031	0.53	−38871	0	−107	0	−7853	−9179	0
032	0.90	−25631	0	0	−79572	0	0	0
033	0.76	0	0	0	0	−620	−323	0
034	0.66	0	0	−31835	0	0	0	0
035	0.66	−15038	0	0	−4371	0	0	0
037	0.96	−1356	0	−10676	0	−16532	0	0
038	0.52	−3235	0	0	−8390	0	−2022	0
039	0.59	−8852	0	−5206	0	−3034	0	0
040	0.69	0	0	0	−3266	0	−35021	0
041	0.68	0	0	0	0	0	−18150	0
042	0.80	0	0	0	−1523	0	−1907	0
043	0.53	−4342	0	0	0	0	0	0
044	0.54	0	0	0	0	0	−4346	0
046	0.78	0	0	0	0	−2249	−217	0
047	0.68	−11508	0	0	0	0	0	0
050	0.31	0	0	0	0	−40	0	0
051	0.81	0	0	0	0	0	−5254	0
052	0.99	0	0	0	−7031	0	−10396	0
054	0.49	0	0	0	0	0	−20	0
055	0.44	−886	−28	0	0	0	0	0
056	0.62	0	0	−77	0	0	−2	0
057	0.86	0	−5805	0	0	0	−55	0
058	0.79	0	−4324	0	0	0	−290	0
060	0.85	0	−225659	0	0	0	−4997	0
061	0.56	0	0	0	−154	1	0	0
062	0.68	0	0	0	−360	1	0	0

决策单元	综合效率	土地租金	劳动力	社会化服务	农资产品	农业保险	自有机械	收入合计
063	0.57	0	0	−669	0	−218	0	0
064	0.54	0	0	0	0	−354	0	0
065	0.70	0	0	−7	0	−304	0	0
066	0.50	0	0	0	0	−523	0	0
067	0.48	0	0	0	−1493	−847	0	0
068	0.46	0	0	0	−698	−815	0	0
069	0.42	0	0	0	−387	−368	0	0
070	0.61	−63748	0	0	0	0	0	0
071	0.59	0	0	0	0	−9489	−547	0
072	0.58	0	0	0	−712	0	−1546	0
073	0.55	0	0	0	−561	0	−330	0
074	0.57	0	0	0	0	−632	−34	0
075	0.60	0	0	−218	0	−155	0	0
077	0.41	0	0	−1067	−573	−13	0	0
078	0.51	0	0	0	0	−343	0	0
080	0.41	−50748	0	0	0	0	−261	0
081	0.27	−10707	0	0	0	0	−679	0
082	0.58	−32602	0	−42458	0	−2602	0	0
083	0.57	0	0	0	0	−379	0	0
084	0.58	0	0	0	−508	−58	0	0
085	0.89	0	0	0	−729	−1431	0	0
086	0.62	0	0	0	−710	0	−114	0
087	0.25	0	−2081	0	0	−148	0	0
088	0.80	0	0	0	−642	−78	0	0
089	0.42	0	0	0	−1532	−39	0	0
090	0.68	0	0	0	−1430	0	−11451	0

决策单元	综合效率	土地租金	劳动力	社会化服务	农资产品	农业保险	自有机械	收入合计
091	0.49	0	−7756	0	−2894	0	0	0
092	0.71	0	0	0	−3229	0	−6931	0
093	0.84	0	0	0	0	−178	−1248	0
094	0.43	0	−41212	0	0	−1287	0	0
096	0.66	0	0	0	0	0	−366	0
097	0.42	0	0	0	−14657	0	0	0
098	0.77	0	0	−1484	−157	−78	0	0
099	0.33	0	0	0	−342	−97	0	0
100	0.38	0	0	−525	0	0	−11	0
101	0.49	0	0	0	−2605	−333	0	0
102	0.42	0	−7503	0	0	−421	0	0
103	0.68	0	0	0	−567	−865	0	0
104	0.81	0	0	−235	0	−1108	0	0
105	0.73	0	0	−3059	0	0	−62	0
106	0.45	0	0	−487	0	0	−470	0
108	0.58	0	0	0	−607	0	−70	0
109	0.70	0	0	0	−2614	−4550	0	0
110	0.97	0	−34353	0	0	−51	0	0
111	0.64	0	0	0	0	0	−1757	0
112	0.17	0	0	0	0	−1296	0	0
114	0.39	0	−2653	0	0	−1001	0	0
115	0.35	0	−29951	0	0	−502	0	0
116	0.78	0	0	0	−4898	0	−601	0
119	0.77	0	−576	0	0	0	−35	0
120	0.45	0	−4595	0	−42	0	−101	0
121	0.41	0	−3360	0	−27	0	−21	0

决策单元	综合效率	土地租金	劳动力	社会化服务	农资产品	农业保险	自有机械	收入合计
122	0.87	0	0	−355	0	−2	0	0
123	0.60	0	−7700	0	0	0	−7	0
124	0.61	0	0	0	−313	−2	0	0
125	0.81	0	0	−295	0	−4	0	0
127	0.48	0	−512	0	0	−169	0	0
128	0.89	0	−7706	−151	0	1	0	0
130	0.56	−1115	0	0	0	0	−3	0
131	0.51	0	−23109	0	−123	0	−4	0
132	0.84	0	0	−642	0	−32	0	0
133	0.93	0	0	−351	−2645	−348	0	0
135	0.64	0	0	0	−662	−4	0	0
136	0.40	0	−2592	0	−24	1	0	0
137	0.32	0	−12613	0	−194	−1	0	0
140	0.65	0	−16666	0	−99	0	0	0
141	0.44	−11894	0	0	−49804	0	0	0
142	0.72	0	−3972	0	−504	−9	0	0
143	0.59	0	−127944	0	−1817	0	−40	0
144	0.56	0	0	0	−99	−15859	0	0
145	0.62	0	−2913	0	−871	0	−3	0
146	0.48	0	−1188	0	−115	0	−149	0
147	0.42	0	0	0	−572	0	−721	0
148	0.46	0	0	0	−587	0	−825	0
150	0.44	0	0	0	−626	0	−2	0
151	0.41	0	−2165	0	−375	0	−4	0
152	0.54	0	−5081	0	−1376	0	−10	0
153	0.44	0	0	0	0	0	−208	0

决策单元	综合效率	土地租金	劳动力	社会化服务	农资产品	农业保险	自有机械	收入合计
154	0.52	0	0	0	0	0	−177	0
155	0.58	0	0	0	−262	0	−4832	0
156	0.62	0	0	0	−447	0	−205	0
157	0.50	0	0	0	−31	0	−171	0
158	0.55	0	0	0	−107	0	−164	0
159	0.43	0	0	0	−53	0	−261	0
160	0.44	0	0	0	−188	0	−134	0
161	0.69	0	0	0	−1094	0	−1220	0
162	0.47	0	0	0	−921	0	−362	0
163	0.43	0	0	0	−649	0	−135	0
164	0.64	0	0	0	−920	0	−2033	0
165	0.68	0	0	0	−644	0	−845	0
166	0.49	0	0	0	−582	0	−608	0
167	0.43	0	0	0	−184	0	−10933	0
168	0.81	0	−2011	0	−739	−812	0	0
169	0.67	0	−3167	0	−817	0	−811	0
170	0.93	0	−3720	0	0	0	−20	0
171	0.56	0	−447	0	−13	0	−202	0
172	0.62	0	0	0	−565	0	−353	0
174	0.43	0	0	−156	0	0	−102	0
175	0.66	0	0	0	−839	0	−215	0
176	0.58	0	0	0	−1268	0	−9	0
177	0.67	0	0	0	−590	0	−161	0
178	0.75	0	0	0	−875	−126	0	0
179	0.55	0	0	0	−437	0	−53	0
180	0.58	0	0	0	−166	0	−355	0

决策单元	综合效率	土地租金	劳动力	社会化服务	农资产品	农业保险	自有机械	收入合计
181	0.24	0	0	0	0	0	0	0
182	0.23	0	0	0	0	0	−52	0
183	0.45	0	0	0	−186	0	−29	0
184	0.88	0	0	0	−1822	0	−39	0
186	0.90	−2148	−5196	0	0	0	−49	0

附录3 山东省粮食生产农户微观经济数据调查表

市名		县名	
乡（镇）名		行政村名	
户主姓名		户主联系电话	

青岛农业大学中国农村发展研究院

2015 年 7 月

第一部分 家庭基本情况

A 家庭成员基本特征（家庭成员指 2014 年户口在本户及其他长期在本户生活的人，不包括户口迁出去的学生和分家、出嫁、参军的人）

代码	项目	选项/单位	1	2	3	4	5	6
A1	与户主的关系	见关系编码						
A2	性别	1男，2女						
A3	年龄	周岁						

代码	项目	选项 / 单位	1	2	3	4	5	6
A4	文化程度	见文化程度编码						
A5	是否参与家庭农业劳动	如是，填1；否，填参加天数						
A6	参加农业劳动的人是否有务农以外的工作	如是，请填写职业名称						
A7	家庭农业收入	元 / 年						
A8	家庭成员务农以外工作收入	元 / 年						

注：A1 与户主关系编码：1 户主本人，2 配偶，3 子女（包括媳妇和女婿），4 孙子女，5 父母（含岳父母、公婆），6 其他（请注明）；A4 文化程度编码：1 未上学，2 小学，3 初中，4 高中，5 大学以及大学以上。

第二部分　粮食生产基本情况

B 土地情况

代码	项目	选项 / 单位	
B1	耕种土地总面积	亩	
B2	土地地块总数	块	
B3	自有土地面积	亩	
B4	租入土地总面积	亩	
B5	租入者领取补贴面积 / 金额（注）	亩 / 元	
B6	承包者领取补贴面积 / 金额（注）	亩 / 元	
B7	租入土地地块总数	块	

注：B5、B6 这里的补贴仅包括粮食直接补贴、良种补贴、农业生产资料综合补贴。

代码	项目	选项 / 单位	地块				合计
			1	2	3	4	
B8	租入土地期限	填租入年数					
B9	流转的方式	见方式编码					
B10	租入土地渠道	见租入土地渠道编码					
B11	地块面积（分地块）	亩					
B12	地块质量	1 较好，2 一般，3 较差					
B13	租金	元 / 亩					
B14	离居住地的距离	公里					
B15	灌溉条件	1 便利，2 不便利					
B16	有无租赁合同	1 是，2 否					

注：B9 方式编码：1 转包，2 出租，3 借用，4 互换，5 转让，6 入股，7 其他（请注明）；B10 渠道编码：1 自己联系租人，2 通过介绍人收费租人，3 通过政府村委租人，4 通过土地流转市场（产权交易市场）租人，5 其他（请注明）。

C 拥有的机械情况

C1	C2	C3	C4	C5	C6	C7	C8
机械种类	拥有总数（台）	购买价格（元）	补贴金额（元）	购买时间（年）	机械租赁收入（元）	预计使用年限（年）	残值（元）
播种机							
耕作机							
拖拉机							
收割机							
喷灌设备							
水泵							
喷药机具							
微型旋耕机							

C1	C2	C3	C4	C5	C6	C7	C8
机械种类	拥有总数（台）	购买价格（元）	补贴金额（元）	购买时间（年）	机械租赁收入（元）	预计使用年限（年）	残值（元）
农用机动车							

第三部分　主要生产环节情况

D 租用机械和购买服务情况

作物	环节	项目	选项／单位	1	2	3	4	5	6	7	8	9
小麦	耕地	机械种类	见机械种类编码									
		工作亩数	亩									
		租用总额	元									
	播种	机械种类	见机械种类编码									
		工作亩数	亩									
		租用总额	元									
	收割	机械种类	见机械种类编码									
		工作亩数	亩									
		租用总额	元									
玉米	耕地	机械种类	见机械种类编码									
		工作亩数	亩									
		租用总额	元									

作物	环节	项目	选项 / 单位	1	2	3	4	5	6	7	8	9
玉米	播种	机械种类	见机械种类编码									
		工作亩数	亩									
		租用总额	元									
	收割	机械种类	见机械种类编码									
		工作亩数	亩									
		租用总额	元									

注：机械种类：1 旋耕机，2 拖拉机，3 播种机，4 栽种机，5 秧苗机械，6 收割机，7 谷物联合收割机，8 谷物脱粒机，9 其他（请注明）。

E 打药环节租用机械和购买服务情况

代码	项目	选项 / 单位	1	2	3	4	5	6
小麦	机械种类	见机械种类编码						
	工作亩数	亩						
	租用总额	元						
玉米	机械种类	见机械种类编码						
	工作亩数	亩						
	租用总额	元						

注：机械种类：1 手动喷雾器，2 担架式机动喷雾机，3 拖拉机配套的喷杆，4 手持电动机超低量喷雾器，5 其他（请注明）。

第四部分　粮食生产情况

F 各种产品的生产情况

代码	项目	选项 / 单位	1	2	3	4	5	6	7
F1	产品编码	见产品编码							
F2	播种面积	亩							

代码	项目	选项/单位	1	2	3	4	5	6	7
F3	2014年当年产量	斤/亩							
F4	灾害类型（可多选）	见灾害类型编码							

注：F1产品编码：1小麦，2玉米，3其他（请注明）；F4灾害类型编码：1涝灾，2旱灾，3冰雹，4病虫害，5冻灾，6风灾，7其他（请注明）。

第五部分　成本投入情况

G 2014年粮食生产产品成本

代码	项目		小麦	玉米	其他
G1	种子、秧苗	数量（斤）			
G2		金额（元）			
G3	化肥	施用量（斤）			
G4		金额（元）			
G5	农家肥	施用量（斤）			
G6		金额（元）			
G7	农药（元）				
G8	除草剂费（元）				
G9	农膜费（元）				
G10	微量元素植物生长调节剂（元）				
G11	其他费用（元）				

H 2014 年投入状况

编码	项目	金额（元）
H1	农业保险	
H2	农用车辆和机械保险	
H3	其他保险支出（见注解）	
H4	农用机械维修费用	
H5	农用机械油料费用	
H6	其他费用	

注：其他保险支出不含与生产无关的保险。

第六部分　粮食生产的收入情况

I 农产品销售收入

代码	项目	选项 / 单位	即收即卖（地头销售）			择机销售 1			择机销售 2			择机销售 3			2014 年初库存			2014 年末库存		
			小麦	玉米	其他	小麦	玉米	其他	小麦	玉米	其他	小麦	玉米	其他	小麦	玉米	其他	小麦	玉米	其他
I1	产品	作物名称																		
I2	销售对象	填具体对象																		
I3	数量	斤																		
I4	单价	斤 / 元																		
I5	副产品收入	元	小麦_____　玉米_____　其他_____																	
I6	产前是否有订单	1 是 2 否	小麦_____　玉米_____　其他_____																	

代码	项目	选项/单位	即收即卖（地头销售）	择机销售1	择机销售2	择机销售3	2014年初库存	2014年末库存
I7	订单数量	斤	小麦＿＿＿＿　玉米＿＿＿＿　其他＿＿＿＿					

第七部分　访谈性问题

代码	问题	选项	
1	您在粮食生产中遇到了哪些困难？请按照难易程度排序	1 资金不足，2 转入土地困难，3 社会化服务不到位，4 劳动力不足，5 其他（请注明）	
2	您是否想转出土地？如是，为什么？请给原因排序	1 租金偏高，2 劳动力不足，3 社会化服务不健全，4 其他（请注明）	
3	您是否想继续转入土地？若不想，为什么？（多选）	1 租金偏高，2 资金不足，3 寻找土地转出农户困难，4 劳动力充足（自有和雇工），5 农地租用权不稳定，6 其他（请注明）	
4	您现在的社会化服务提供主体有哪些？（多选）	1 专业协会，2 专业合作社，3 专业农户，4 公益性服务机构，5 商业性服务机构，6 科研服务机构，7 其他（请注明）	

代码	问题	选项	
5	您目前最需要的社会化服务是什么？	1 农资供应，2 耕地，3 播种，4 收割，5 打药，6 产品销售，7 其他（请注明）	
6	您对肥料、农药、农膜、柴油等农业生产资料供应产品的质量是否满意？	如不满意请填存在的问题	
7	在粮食生产中，目前您在产中获得了哪些服务？（多选）	1 机耕服务，2 播种服务，3 机收服务，4 灌溉服务，5 质保服务，6 种植技术辅导，7 其他（请注明）	
8	您是否有发展家庭农场的意愿？如有，可能遇到的障碍有哪些？	1 资金不足，2 租入土地困难，3 担心经营能力不足，4 担心雇不到劳动力，5 担心经营风险，6 租期不稳定，7 其他（请注明）	

附录4 山东省粮食生产家庭农场微观经济数据调查表

县名		乡（镇）名	
行政村名 / 农场所在地		家庭农场成立时间	
户主姓名		户主联系电话	

青岛农业大学中国农村发展研究院

2015 年 7 月

第一部分 家庭基本情况

A 家庭农场基本特征（家庭成员指 2014 年户口在本户及其他长期在本户生活的人，不包括户口迁出去的学生和分家、出嫁、参军的人）

代码	项目	选项 / 单位	1	2	3	4	5	6
A1	与户主的关系	见关系编码						
A2	性 别	1 男，2 女						
A3	年 龄	周岁						

代码	项目	选项 / 单位	1	2	3	4	5	6
A4	文化程度	见文化程度编码						
A5	家庭主要成员是否是家庭农场所在村的人	1 是，0 不是						
A6	农场离镇（乡）区的距离	公里						
A7	家庭农场离县城的距离	公里						
A8	家庭农场主以前的职业	最主要的工作						
A9	是否参与家庭农场劳动	如是，请填1；否，填参加天数						
A10	参加农场劳动的人是否有农场以外的工作	如是，请填写职业名称						
A11	家庭农业收入	元 / 年						
A12	家庭成员在外工作收入	元 / 年						

注：A1 与户主关系编码：1 户主本人，2 配偶，3 子女（包括媳妇和女婿），4 孙子女，5 父母（含岳父母、公婆），6 其他（请注明）；A4 文化程度编码：1 未上学，2 小学，3 初中，4 高中，5 大学以及大学以上。

第二部分　家庭农场基本情况

B 土地情况

代码	项目	选项 / 单位	
B1	家庭农场总面积	亩	
B2	家庭农场地块总数	块	

代码	项目	选项／单位		
B3	其中：<5 亩的地块数	块		
B4	5—10 亩的地块数	块		
B5	10—20 亩的地块数	块		
B6	20 亩以上的地块数	块		
B7	自有土地面积	亩		
B8	租入土地总面积	亩		
B9	农场主领取补贴面积／金额（注）	亩／元		
B10	承包者领取补贴面积／金额（注）	亩／元		
B11	租入土地地块总数	块		
B12	家庭农场成立以来规模情况	亩	第一年	
			第二年	
			第三年	
			第四年	
			第五年	
B13	土地整理变化情况	主要包括土地平整、地埂的消除等		

注：B9、B10 中的补贴仅包括粮食直接补贴、良种补贴、农业生产资料综合补贴。

代码	项目	选项／单位	地块								合计
			1	2	3	4	5	6	7	8	
B14	租入土地期限	填租入年数									
B15	流转的方式	见方式编码									
B16	租入土地渠道	见租入土地渠道编码									
B17	地块面积（分地块）	亩									

代码	项目	选项／单位	地块								合计
			1	2	3	4	5	6	7	8	
B18	地块质量	1 较好，2 一般，3 较差									
B19	租金	元／亩									
B20	离居住地的距离	公里									
B21	灌溉条件	1 便利，2 不便利									
B22	有无租赁合同	1 是，2 否									

注：B15 方式编码：1 转包，2 出租，3 借用，4 互换，5 转让，6 入股，7 其他（请注明）；B16 渠道编码：1 自己联系租入，2 通过介绍人收费租入，3 通过政府、村委租入，4 通过土地流转市场（产权交易市场）租入，5 其他（请注明）。

C 长年用工情况

代码	项目	选项／单位	1	2	3	4	5	6	7	8	9
C1	性别	1 男，2 女									
C2	年龄	周岁									
C3	文化程度	1 未上学，2 小学，3 初中，4 高中，5 大学以及大学以上									
C4	主要分工	1 操作机械为主，2 一般农活为主，3 两者兼顾									
C5	工资（包括工人餐费）	元／月									
C6	平均每天工作时间	小时／天									

代码	项目	选项 / 单位	1	2	3	4	5	6	7	8	9
C7	工资支付方式	1 按月，2 按季度，3 按年度									
C8	用工来源	1 本村，2 临近村，3 外地									

D 拥有的机械情况

D1	D2	D3	D4	D5	D6	D7	D8
机械种类	拥有总数（台 / 批次）	购买价格（元）	补贴金额（元）	购买时间（年）	机械租赁收入（元）	预计使用年限（年）	残值（元）
播种机							
耕作机							
拖拉机							
收割机							
喷灌设备（机械类）							

D1	D2	D3	D4	D5	D6	D7	D8
机械种类	拥有总数（台/批次）	购买价格（元）	补贴金额（元）	购买时间（年）	机械租赁收入（元）	预计使用年限（年）	残值（元）
水泵							
喷药机具							
微型旋耕机							
农用机动车							
烘干设备							

E 基础设施投入

编码	项目	金额（元）
E1	道路修建维修	
E2	仓储设施（产品、生产资料和工具存放）	
E3	水利修建维修（包括打井、水塘、水渠）	
E4	晾晒场地	
E5	灌溉易耗品（喷灌设施、管道）	
E6	其他建筑设施	

第三部分　主要生产环节情况

F 租用机械和购买服务情况

作物	环节	项目	选项 / 单位	1	2	3	4	5	6	7	8	9
小麦	耕地	机械种类	见机械种类编码									
		工作亩数	亩									
		租用总额	元									
	播种	机械种类	见机械种类编码									
		工作亩数	亩									
		租用总额	元									
	收割	机械种类	见机械种类编码									
		工作亩数	亩									
		租用总额	元									
玉米	耕地	机械种类	见机械种类编码									
		工作亩数	亩									
		租用总额	元									
	播种	机械种类	见机械种类编码									
		工作亩数	亩									
		租用总额	元									
	收割	机械种类	见机械种类编码									
		工作亩数	亩									
		租用总额	元									

注：机械种类：1 旋耕机，2 拖拉机，3 播种机，4 栽种机，5 秧苗机械，6 收割机，7 谷物联合收割，8 谷物脱粒机，9 其他（请注明）。

G 自有机械为他人提供服务情况

作物	环节	项目	选项 / 单位	1	2	3	4	5	6	7	8	9
小麦	耕地	机械种类	见机械种类编码									
		工作亩数	亩									
		收益	元									
	播种	机械种类	见机械种类编码									
		工作亩数	亩									
		收益	元									
	收割	机械种类	见机械种类编码									
		工作亩数	亩									
		收益	元									
玉米	耕地	机械种类	见机械种类编码									
		工作亩数	亩									
		收益	元									
	播种	机械种类	见机械种类编码									
		工作亩数	亩									
		收益	元									
	收割	机械种类	见机械种类编码									
		工作亩数	亩									
		收益	元									

注：机械种类：1 旋耕机，2 拖拉机，3 播种机，4 栽种机，5 秧苗机械，6 收割机，7 谷物联合收割机，8 谷物脱粒机，9 其他（请注明）。

H 短期用工情况

编码	项目	选项 / 单位	1	2	3	4	5	6	7
H1	雇用天数	天							
H2	日工资	元 / 天							

编码	项目	选项 / 单位	1	2	3	4	5	6	7
H3	工作内容	填具体工作内容							

注：短期用工情况指仅仅雇人，不带机器的情况。

I 打药环节租用机械和购买服务情况

作物	项目	选项 / 单位	1	2	3	4	5	6
小麦	机械种类	见机械种类编码						
	工作亩数	亩						
	租用总额	元						
玉米	机械种类	见机械种类编码						
	工作亩数	亩						
	租用总额	元						

注：机械种类：1 手动喷雾器，2 担架式机动喷雾机，3 拖拉机配套的喷杆，4 手持电动机超低量喷雾器，5 其他（请注明）。

第四部分　粮食生产情况

J 各种产品的生产情况

代码	项目	选项 / 单位	1	2	3	4	5	6	7
J1	产品编码	见产品编码							
J2	播种面积	亩							
J3	2014 年当年产量	斤 / 亩							

代码	项目	选项 / 单位	1	2	3	4	5	6	7
J4	灾害类型（可多选）	见灾害类型编码							

注：J1 产品编码：1 小麦，2 玉米，3 其他；J4 灾害类型编码：1 涝灾，2 旱灾，3 冰雹，4 病虫害，5 冻灾，6 风灾，7 其他（请注明）。

第五部分　家庭农场的成本投入情况

K 2014 年粮食生产产品成本

代码	项目		小麦	玉米			
K1	种子、秧苗	数量（斤）					
K2		金额（元）					
K3	化肥	施用量（斤）					
K4		金额（元）					
K5	农家肥	施用量（斤）					
K6		金额（元）					
K7	农药（元）						
K8	除草剂费（元）						
K9	农膜费（元）						
K10	微量元素植物生长调节剂（元）						
K11	其他费用（元）						

L 2014 年家庭农场投入情况

代码	项目	自有	借款			
			金额	对象	期限	（年）利息
L1	家庭农场资金状况（元）					
L2	农业保险（元）					
L3	农用车辆和机械保险（元）					
L4	其他保险支出（元）					
L5	农用机械维修费用（元）					
L6	农用机械油料费用（元）					
L7	其他费用（元）					

注：L4 其他保险支出不含与生产无关的保险，但包括给雇工的各种保险。

第六部分　家庭农场收入情况

M 农产品销售收入

代码	项目	选项 / 单位	即收即卖（地头销售）	择机销售 1	择机销售 2	择机销售 3	2014 年初库存	2014 年末库存
M2	销售对象	填具体对象						
M3	数量	斤						

代码	项目	选项 / 单位	即收即卖（地头销售）	择机销售1	择机销售2	择机销售3	2014年初库存	2014年末库存
M4	单价	斤 / 元						
M5	副产品收入	元						
M6	产前是否有订单	1 是 2 否	小麦＿＿＿＿ 玉米＿＿＿＿ 其他＿＿＿＿					
M7	订单数量	斤	小麦＿＿＿＿ 玉米＿＿＿＿ 其他＿＿＿＿					

N 家庭农场成立以来的各种补贴、奖励和捐赠

代码	方式	选项 / 单位	项目1	项目2	项目3	项目4	项目5	项目6
N1	现金	元						
N2	实物	数量 / 折合金额（元）						
N3	来源	见来源单位编码						
N4	土地整理补贴	元						
N5	其他补贴	元						
		元						
		元						

注：N3 来源单位：1 政府，2 企业，3 其他（请注明）；N5 其他补贴不包括粮食直接补贴、良种补贴、农业生产资料综合补贴。

第七部分　访谈性问题

代码	问题	选项
1	您在发展家庭农场过程中遇到了哪些困难？请按照难易程度排序	1 资金不足，2 转入土地困难，3 社会化服务不到位，4 雇用劳动力困难，5 其他（请注明）
2	您是否想转出土地？如是，为什么？请给原因排序	1 租金偏高，2 劳动力不足，3 社会化服务不健全，4 其他（请注明）
3	您是否想继续转入土地？若不想，为什么？（多选）	1 租金偏高，2 资金不足，3 寻找土地转出农户困难，4 劳动力充足（自有和雇工），5 农地租用权不稳定，6 其他（请注明）
4	您向正规金融机构借款的困难有哪些？（多选）	1 缺乏抵押，2 政策支持不到位，3 其他（请注明）
5	您现在的社会化服务提供主体有哪些？（多选）	1 专业协会，2 专业合作社，3 专业农户，4 科研服务机构，5 其他（请注明）
6	您目前最需要的社会化服务是什么？	1 农资供应，2 耕地，3 播种，4 收割，5 打药，6 产品销售，7 其他（请注明）
7	您对肥料、农药、农膜、柴油等农业生产资料供应产品的质量是否满意？	如不满意请填存在的问题
8	在粮食生产中，您获得了哪些服务？（多选）	1 机耕服务，2 播种服务，3 机收服务，4 灌溉服务，5 质保服务，6 种植技术辅导，7 其他（请注明）